CERDDED GWYNEDD

Cerdded Gwynedd

gan

Dewi Tomos

Argraffiad cyntaf: Mawrth 1995

ⓗ *Dewi Tomos*

*Ni chaniateir defnyddio unrhyw ran/rannau
o'r llyfr hwn mewn unrhyw fodd
(ar wahân at ddiben adolygu) heb ganiatâd
perchennog yr hawlfraint yn gyntaf.*

*Rhif Llyfr Safonol Rhyngwladol:
0-86381-313-5*

*Cynllun clawr: Alan Jones
Llun y clawr a lluniau tu mewn: yr awdur
Mapiau: Anne Lloyd Morris*

*Argraffwyd a chyhoeddwyd gan Wasg Carreg Gwalch,
Iard yr Orsaf, Llanrwst, Gwynedd.*

☎ *(01492) 642031*

Cyflwynaf y gyfrol yma o deithiau i aelodau Cymdeithas Edward Llwyd, y cwmni difyrraf fedrai rhywun gael.

Cynnwys

Cyflwyniad 8
1. Cwm Pennant 12
2. Y Lôn Goed 24
3. Coedydd Aber 32
4. Cwm Llan 42
5. Cwm Bychan a Beddgelert 50
6. Dyffryn Maentwrog 62
7. Parc Glynllifon 72
8. Cwm Idwal 82
9. Ar Lethrau'r Wyddfa 92
10. Parc Padarn 98
11. Twyni Niwbwrch ac Ynys Llanddwyn 110
12. O'r Nant i'r Nef 120
Darllen Pellach 130

Cyflwyniad

'Pam Arglwydd y gwnaethost Gwm Pennant mor dlws
A bywyd hen fugail mor fyr?'
(Eifion Wyn)

Sawl bardd sydd wedi ymhyfrydu yn rhyfeddodau natur dros y canrifoedd? Ond tybed nad oedd hi'n haws rhyfeddu 'slawer dydd pan oedd tempo bywyd gymaint arafach, pan oedd canran uchel o'r boblogaeth yn byw yng nghefn gwlad a phan oedd mwy o gefn gwlad yn ei stâd naturiol? Yn yr oes faterol, dechnolegol hon faint ohonom sy'n arafu ac yn aros i sylwi bod yna ryfeddodau o'n cwmpas, ond i ni ddysgu gweld?

'Pan feddwn dalent plentyn
I weld llais a chlywed llun.'
('Yr Afon' — Gerallt Lloyd Owen)

Mae'n debyg bod pawb sy'n barod i ddarllen llyfr fel hwn â'r awydd i ganfod y gwynfyd sydd i'w gael o fod mewn cytgord â bywyd o'n cwmpas. Nid ar redeg mae troedio'r llwybrau hyn, ac nid ar un cerddediad y canfyddir yr holl drysorau chwaith. Gwelwn rywbeth gwahanol bob tro, boed haf neu aeaf, hydref neu wanwyn, hindda neu ddrycin, a dyna'n sicr un ateb i'r gyfaredd a gawn o droedio drwy'r mannau tawel.

Fel llyfr taith y bwriadwyd y llyfr hwn, ond nid cyfarwyddiadau moel i'ch galluogi i gerdded o'r dechrau i'r diwedd yn unig sydd gen i i'w cynnig i chwi. Amrywia'r cynefinoedd o dir llawr gwlad i goedwigoedd, parciau, cymoedd a mynydd-dir. Golyga 'cynefin' i mi rywbeth amgenach na'r elfennau naturiol — golyga hefyd ein treftadaeth, ein gwreiddiau. Fel y datblygodd amaethyddiaeth dros y canrifoedd, ac yna'n ddiweddar coedwigaeth a thwristiaeth, aeth y mannau tawel, y cynefinoedd naturiol, yn brinnach ac yn fwy bregus. Yn wir, ychydig iawn o gynefinoedd hollol naturiol sydd yn aros; mae ôl amaethu mewn rhyw fodd neu'i gilydd wedi treiddio i bob man bellach.

Mae'n bwysig felly bod awdurdodau a chyrff cyhoeddus a gwirfoddol yn cadw llygaid barcud i warchod rhai cynefinoedd i'r oesoedd a ddêl. Un o'r cyrff hynny yw'r Cyngor Cefn Gwlad ac y mae nifer o'r teithiau o fewn gwarchodfeydd y Cyngor. Mae cyrff eraill fel yr RSPB, Yr Ymddiriedolaeth Genedlaethol, Ymddiriedolaeth Naturiaethwyr Gogledd Cymru, ac Ymddiriedolaeth Coedwigoedd yn gwneud eu rhan, a rhaid erbyn heddiw i'r Comisiwn Coedwigaeth a'r Bwrdd Dŵr ddangos cyfrifoldeb tuag at yr amgylchfyd. Clustnodwyd 36 o safleoedd yng ngogledd Cymru yn leoedd o ddiddordeb arbennig i naturiaethwyr yn 1976, ac erbyn 1980 roedd hanner ohonynt yn Warchodfeydd Cenedlaethol. Ymhellach, categorïwyd 180 o safleoedd yn rhai o Ddiddordeb Gwyddonol Arbennig (S.S.S.I.). Mae'n gyfrifoldeb ar y cyd rhwng y cyrff, y tirfeddianwyr a ninnau, y cyhoedd, i warchod y cynefinoedd cyfoethog yma.

' . . . ar ôl teithio ar draws yr ynys o'r môr bwy gilydd i ymyl eithaf yr ynys, fe welai gymoedd a dibyn a chreigiau uchel a thir garw a chaled, na welsai erioed ei gyfryw.'

(Breuddwyd Macsen)

Rheolau Cefn Gwlad

Mwynhewch y wlad a pharchwch ei bywyd a'i gwaith.
Gwyliwch rhag holl beryglon tân.
Gadewch lonydd i anifeiliaid, cnydau a pheiriannau.
Ewch â'ch sbwriel adref gyda chi.
Helpwch i gadw pob dŵr yn lân.
Cymerwch ofal o goed, creaduriaid a phlanhigion gwyllt.
Peidiwch â chreu sŵn yn ddiangen.

Taith	Cyf. Grid	Hyd km	milltir	Dringo metr	troed-fedd
1. Cwm Pennant	SH 526451	13	8	150	460
2. Y Lôn Goed	SH 458435	7.5	5	—	—
3. Coedydd Aber	SH 662720	4.5	2.75	120	375
4. Cwm Llan	SH 627506	7	4.5	300	960
5. Cwm Bychan a Beddgelert	SH 588481	9	5.5	200	620
6. Dyffryn Maentwrog	SH 636403	7.5	5	100	320
7. Parc Glynllifon	SH 454554	4	2.5	—	—
8. Cwm Idwal	SH 648604	5	3	250	770
9. Ar Lethrau'r Wyddfa	SH 648557	8	5.25	350	1100
10. Parc Padarn	SH 587604	6	4	150	460
11. Twyni Niwbwrch ac Ynys Llanddwyn	SH 405634	12	7	10	30
12. O'r Nant i'r Nef	SH 623570	3	2	440	1400

Mapiau:

Landranger 115 — Snowdonia 1:50000
Landranger 123 — Lleyn Peninsula 1:5000000
Outdoor Leisure 17 — Snowdonia — Snowdon Area 1:25000
Outdoor Leisure 18 — Snowdonia — Harlech & Bala 1:25000
Harveys — Gorllewin Eryri 1:40000
Harveys — Dwyrain Eryri 1:40000

Yn ogystal, mae taflenni a mapiau ar gael ar gyfer y teithiau canlynol — rhai ohonynt ar hysbysfyrddau ym man cychwyn y teithiau:

Coedydd Aber
Cwm Llan
Dyffryn Maentwrog
Parc Glynllifon
Cwm Idwal
Parc Padarn
Twyni Niwbwrch ac Ynys Llanddwyn

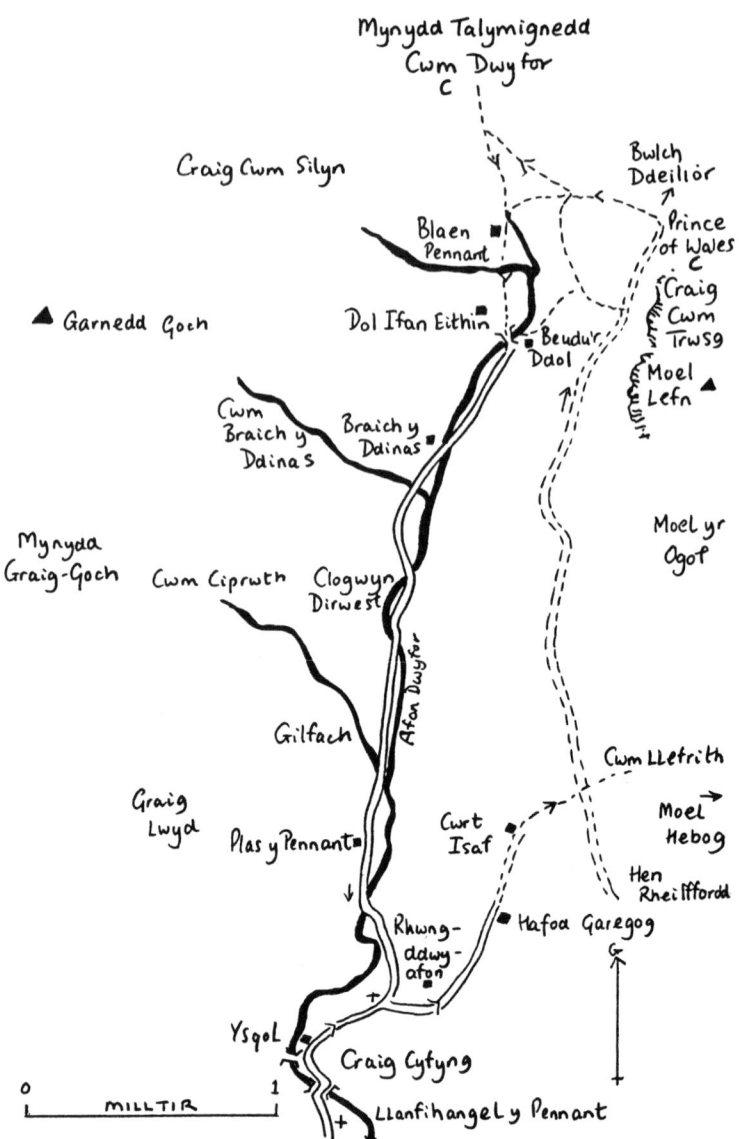

Cwm Pennant

Hyd: 13k/8 milltir
Dringo: 150m/460'
Amser: 3 awr
Ansawdd: Llwybrau hawdd eu dilyn, sych, ffordd yn ôl

Man cychwyn: SH 526451
Eglwys Llanfihangel-y-Pennant

Wrth i ni gychwyn ar ein taith o Ddolbenmaen, buan y sylweddolir mai llwybr troellog sydd o'n blaenau gyda golygfa newydd yn ymagor o dro i dro, fel pe bai dewin yn dangos ei drysorau bob yn dipyn.

'Lle diogel, dioglyd ydyw glan afon ar wastadedd . . . Dyma esmwythyd moel y mynyddoedd yn feddal ac amlinell fel clustog blu dolciog.' meddai Gruffydd Parry yn *Crwydro Llŷn ac Eifionydd*. Profodd yntau'r heddwch, ' . . . yr heddwch sicr, tawel a brofodd pobl sydd wedi byw yn agos i bridd y ddaear ac wedi profi cyfrinachau gwyrthiau'r geni yn y gwanwyn a chyfrinachau gwyrthiau'r marw yn yr Hydref, pobl sy'n cael eu cloi gan aeafau a'u meddwi gan hafau.'

Mae'n debyg mai dyma un gwahaniaeth sylfaenol a thra phwysig rhyngom ni a'r bobl ddiarth o'r tu draw i Glawdd Offa. Mae'r trigolion yn rhan annatod o'r cynefin i ni. Dibynna awyrgylch lle ar ei orffennol, y digwyddiadau a fu, yr atgofion sy'n llechu yn y coedlannau, yr ymdrech fu i ddofi'r ddaear, yn ogystal â'r hyn a wêl y llygaid. Bu amaethu yma ers canrifoedd, a bu ymdrechion hefyd i gynaeafu cyfoeth crombil y ddaear, yn lechfaen a chopr. Bu gobeithion mawr, ond nis cyflawnwyd, a chymharol ychydig o greithiau'r diwydiant a fu sy'n weladwy erbyn heddiw. 'Sgwn i sut olwg fyddai yma pe bai pethau wedi datblygu yn wahanol, petai'r chwareli a'r cloddfeydd wedi llwyddo, dyffryn creithiog fel Dyffryn Nantlle ac anferth o domenydd fel 'Stiniog?

Mae'n hwyr glas i ni gychwyn ar y cerdded. Gwell gadael eich cerbyd wrth eglwys Llanfihangel-y-Pennant neu ar y tro wrth y Bont Gyfyng. Taith ar y gwastad fydd hi ar y cyfan, ond cawn ystwytho'r cyhyrau wrth ddringo ychydig ar y dechrau. Awn dros y bont ac i fyny'r allt heibio'r hen ysgol, sy'n dangos y newid fu yn y gymdeithas; ble'r aeth y plant i gyd? Trown i'r dde wrth y capel a dringo'r ffordd yn gyfochrog ag afon Cwm Llefrith, enw addas ar afon raeadrog. Tybed? Esboniad arall yw mai o gwm lle brith y llifa, tir brith ei liw, yn gerrig, eithin, grug a phorfa. Mae ceisio esbonio tarddiad enwau lleoedd yn ddiddorol tu hwnt, ond gallwn yn hawdd gael ein camarwain. Dyna resyn i'n harbenigwr pennaf yn y maes, yr Athro Bedwyr Lewis Jones, ein gadael mor ddisymwth. Dyma chi'r ffermdy cyntaf a welwn, yn esbonio'i hun yn rhwydd, Rhwng-ddwy-afon, ar dir rhwng afonydd Ceunant-y-ddôl a Chwm Llefrith. Ond beth am y nesaf, Hafod Garegog? Hawdd eto meddech chi, tir mynydd garw, caregog sydd yma, yn wir mae'r ffermdy yn agored i'r mynydd heb glawdd gardd o'i gwmpas. Mae yna hen stori fodd bynnag, ond am Hafod Rugog mae'n sôn. Dyma hi i chi . . .

Trigai hen wraig yn nhyddyn Hafod Rugog mewn cwm anial, ac arferai'r tylwyth teg swnian arni i gael benthyg rhywbeth neu'i gilydd byth a beunydd. Wedi dod i ben ei thennyn dywedodd hithau wrthynt: 'Cewch, os caniatewch i mi ddau beth — i'r peth cyntaf y cyffyrddaf ag ef wrth y drws dorri, a'r peth cyntaf y rhof fy llaw arno yn y tŷ ymestyn hanner llath'.

Dyma oedd ar feddwl yr hen wraig. Bochiai carreg at allan ar ei ffordd wrth y drws, ac roedd ganddi ddefnydd syrcyn gwlanen yn rhy fyr o hanner llath yn y gegin. Fodd bynnag, wrth gario cawellaid o fawn i'r tŷ fe faglodd a rhoddodd ei llaw ar ei chlun i arbed syrthio — a thorrodd honno fel brigyn crin. A chan faint y boen rhoddodd ei llaw at ei cheg wedyn a chyffwrdd ei thrwyn — a dyfodd hanner llath! . . .

Roedd ci a gast yn gwarchod saith o gŵn defaid bach chwareus ar y llain glas o flaen y ffermdy ac fel y dynesem brysiodd y ci balch atom yn syth i gael mwythau, ond cododd yr ast ei gwrychyn, yn

Cwm Pennant

ansicr o ddiogelwch ei rhai bach. Penderfynais innau beidio mentro yn rhy agos gyda'r camera, rhag ofn y byddwn angen trowsus newydd.

Down at ben pella'r ffordd darmac yng Nghwrt Isaf. Dringwch y gamfa ar y dde i'r adeiladau a dilyn yr hen lwybr trol i fyny'r llethr nes dod ar draws llwybr yr hen ffordd haearn, tystiolaeth o'r diwydiant a fu. Pe dilynem y llwybr ar i fyny fe gyrhaeddem Gwm Llefrith ac yna gellid mynd ar i waered am Feddgelert gan basio heibio Ogof Owain Glyndŵr.

Mae'r gadwyn o fynyddoedd, Moel Lefn, Moel yr Ogof, Moel Hebog, yn gynefin i nifer o blanhigion eitha prin, gweddillion y planhigion Alpaidd, a bu sawl naturiaethwr yn cribinio'r llethrau i geisio cael gafael arnynt, yn enwedig ar yr ochr ogleddol yng nghysgod yr haul. Dyma welodd W. Condry:

> . . . *rose-root, golden-rod, beech fern and devil's bit scabious. And as you follow these rocks round the plants get choicer. Here is a little mountain everlasting, leaves pale green*

> *above, silvery hairy below. Next to it . . . the burnet rose with its multitude of fine sharp thorns . . . the ledges are crammed with more rose-root and prosperous plants of mountain sorrel and lesser meadow rue. There are starry and mossy saxifrages everywhere and a rich variety of mosses and ferns, including green spleenwort and bladder fern.*
> *(Mountains of Wales* — Ioan Bowen Rees)

Ar lethrau Moel Hebog y darganfu J. Lloyd Williams, prifathro Garndolbenmaen bryd hynny, redyn Killarney, y prinaf ohonynt i gyd.

Cynlluniwyd i godi ffordd haearn i gario cynnyrch chwareli llechi Gorseddau yng Nghwm Ystradllyn i Borthmadog tua 1855, ac yna yn 1872, pasiwyd deddf seneddol yn awdurdodi codi ymestyniad bum milltir i chwarel y Prince of Wales ym mhen pellaf Cwm Pennant gan y 'Gorseddau Junction and Portmadoc Railway Co.' gyda hawl i gario teithwyr yn ogystal. Yr un pryd prynodd perchnogion y Prince of Wales chwarel Gorseddau am £5,000. Pan agorwyd y lein yn 1875 dim ond nwyddau a gariwyd nes daeth diwedd ei gyrfa fer yn 1894.

O'n blaenau erys taith hynod o braf, gwastad a sych, hanner ffordd i fyny ochr ddwyreiniol y dyffryn gyda golygfeydd godidog. Yr afon Dwyfor yn ymddolennu drwy'r gweirgloddiau a'r mynyddoedd cadarn gyferbyn — o Graig y Garn i'r Graig-lwyd, Garnedd Goch a Mynydd Talymignedd. Mae'n ddiwrnod heulog ym mis Ionawr arnom, tywydd rhewllyd, iachusol. I mi y gaeaf sy'n dangos y mynyddoedd yn eu gogoniant, boed law, eira neu hindda. Heddiw, dan belydrau'r haul mae lliwiau'r rhedyn crin, y llwyni llus, twmpathau o frwyn a'r creigiau fel defaid yn frith ar y llethrau yn rhagori ar ddawn unrhyw arlunydd i gymysgu lliwiau. Gwelir effaith y rhewlif fu'n rhygnu ei lwybr i lawr y dyffryn gan dorri blaenau'r ysgwyddau a ffurfio sbardun blaen-dorredig — mae Clogwyn Dirwest yn enghraifft dda. Wrth fynd yn ein blaenau rhaid croesi nifer helaeth o bontydd dros y ffrydiau ochreuol. Sylwch ar y gwaith crefftus, cadarn, y slabiau trymion a ddodwyd yn ofalus yn eu lle i wrthsefyll llifeiriant wedi storm. Tasg anodd, yn golygu llafur caled, fu codi'r ffordd haearn; ond dyna fo, roedd gobaith am ffortiwn wrth droed yr enfys ym mhen draw'r cwm.

Toc byddwn gyferbyn â Chwm Ciprwth lle bu cloddio dyfal am gopr. Sefydlwyd y Gilfach ar lawr y dyffryn yn 1828 gan Joseff Huddart a brynodd Stâd Bryncir yn 1809, a bu ef a'i deulu yn gefnogol iawn i weithio'r chwareli a'r mwyngloddiau. Gellwch weld model o waith y Gilfach yn yr Amgueddfa Genedlaethol yng Nghaerdydd. Bu cloddio hefyd yn uchel yng Nghwm Ciprwth ei hun. Fel yn hanes llawer o fwynfeydd copr, er yr holl obeithion ni fuont yn gynhyrchiol iawn. Dengys eu gweddillion heddiw y fath drafferthion ac ymdrechu a fu, ac yma yn y cwm anghysbell ceir digon o weddillion, yn wir oherwydd natur y safle y parhânt yma mae'n debyg, ni thrafferthodd yr un ymgymerwr sgrap fynd atynt. Mae yma olwyn ddŵr, y gwelir ei llun ymhob llyfr am y mwynfeydd copr, sy'n 24 troedfedd o led, gydag enw'r gwneuthurwr, 'Dingey and Son, Truro', arni. Mae'n debyg mai ar y môr y cyrhaeddodd Borthmadog, ac yna wynebid y dasg o'i chludo 12 milltir a 900 troedfedd ar i fyny. Gwerthwyd 40 tunnell o gopr yn 1828/9 a 25 tunnell yn 1854 ond ysbeidiol iawn oedd y cynhyrchu. Ffurfio ac ailffurfio cwmnïau, cymryd drosodd gan gwmni arall, mynd yn fethdalwyr, dyma natur hap a damwain y mwynfeydd. Ydach chi'n cofio hanes Capten Trevor? Sefydlwyd cwmnïau rhwysgfawr yr olwg, fel y 'Brynkir Gold Exploration Syndicate' yn 1889 i weithio Ciprwth. Yn 1890 roedd deuddeg dyn dan ddaear a chwech ar yr wyneb, hanner hynny erbyn 1891/2 ac yn 1894 darfu am y cwmni. Go brin iddo wneud fawr o farc ar fasnach copr y byd!

Ymlaen â ni, gan anghofio am helbulon diwydiant am y tro a chanolbwyntio ar y rhyfeddodau naturiol o'n cwmpas. Coed drain yn tyfu'n gam ar lethr gwyntog, waliau cerrig yn dynodi hen, hen amaethu ym more oes ein hil; brigau noeth yn borffor dan haul ganol dydd, ambell glwstwr o binwydd fel dieithriaid ofnus yn closio at ei gilydd, chwibaniad clir bugail a'r smotiau gwynion yn sgrialu gyferbyn. Mi fedrwn eistedd yma am hydion.

> Yng nghesail y moelydd unig,
> Cwm tecaf y cymoedd yw, —

Cynefin y carlwm a'r cadno
A hendref yr hebog a'i ryw.

(Eifion Wyn)

Cynefin i greaduriaid gwyllt yn ôl y bardd, cynefin i greaduriaid bach rhyfedd eraill hefyd, meddan nhw. Dywedid mai cymoedd brwynog gyda bryniau o'u hamgylch, glannau afonydd a llynoedd oedd hoff gynefinoedd y tylwyth teg. Pa ryfedd felly eu bod yn niferus iawn yn ardal Cwm Pennant a Chwm Ystradllyn?

A dyma gyrraedd 'hagrwch Cynnydd' eto, pan gyrhaedda'n llwybr adfeilion melin chwarel y Prince of Wales. Prynwyd y tir gan Stad Bryncir am £20,000 yn 1863, swm enfawr bryd hynny. Cafwyd dechreuad calonogol gyda thua 140 o weithwyr yno y flwyddyn ddilynol. Anfantais fawr oedd y safle anhygyrch, ar ffordd drol dros Fwlch Ddeilior i Ryd-ddu ac yna ar droliau drwy Fetws Garmon i Gaernarfon y cludid y llechi. Daeth uchafbwynt bywyd y chwarel yn 1873 pryd y gweithiai 200 o ddynion yno ac y cynhyrchwyd 5000 tunnell o gerrig yn y sied fawr. Ac wedi agor y ffordd haearn yn 1875 pa beth oedd yn rhwystr i ddatblygu pellach? Fel y daeth posibiliadau gwell ar y gorwel bu cwymp enfawr yn 1876. Wedi'r holl gost a llafur daeth gweithio i ben gan y byddai'n ormod o gost i glirio'r brig. Bu dau gwmni arall yn gweithio yma yn ysbeidiol rhwng 1881-95 ond ar raddfa fechan iawn. Gwynfa goll eto.

Cyn gadael y trafferthion diwydiannol, beth am groesi i Gwm Dwyfor gan gadw ar yr un lefel ar y mynydd i weld olion eraill o gloddio am gopr. Blaen-y-Pennant oedd enw gwreiddiol y gloddfa, ar silff weddol wastad, tua pedwar i bum can troedfedd uwchlaw llawr y dyffryn ar lethr Mynydd Talymignedd. Yn 1850 cafodd y 'Mining Company of Wales' feddiant ar y gwaith ac yn 1868 sefydlwyd y 'Cwm Dwyfor Copper & Silver-Lead Mining Co' gyda cyfalaf o £12,000. Bu cryn frolio wrth geisio codi arian gan y rheolwr-gyfarwyddwr, Thomas Harvey o Feirion:-

> *The extraordinary richness of the ores, the advantageous position of the lodes for working inexpensively, and the magnitude of the lodes themselves all tend to exhibit one of the*

> *most inviting investments in copper and lead which has probably ever been offered to the public in this county.*

Brolio i'r cymylau ynte! A gredech chi mai am yr un cwmni y sonia'r llythyr yma o'r *Mining World* gwta wyth mlynedd yn ddiweddarach yn 1876?:-

> *Some companies, like man himself, are born to trouble, as the sparks fly upward. They are launched in a sea of difficulties, and the waters never seem to subside until they have engulphed them . . . . I do the Cwm Dwyfor Company no injustice when I say that from its very birth until the present time it has been in all the throes of financial agony. Its career has been unenlivened by a single ray of hope, and it is hard to attribute its present existence to other than the rhetorical flourishes of its management and the sanguine reports of its officials . . .*
> (Old Copper Mines of Snowdonia)

Buan y daeth yn ddydd o brysur bwyso! Ac yn fyr o dros fil o bunnoedd yn y glorian, methdaliad — mae *'liquidation'* yn swnio yn fwy addas o gofio natur y gwaith. Erbyn 1879 roedd holl eiddo'r cwmni dan forthwyl yr arwerthwr.

Y gweddillion gweledol erbyn heddiw yw tair llinell gyfochrog o bileri cerrig rhwng y siafft a'r olwyn ddŵr, i gymryd y cafn pren i'r dŵr ac i gario'r gêr weindio. Gryn bellter o'r gwaith saif gweddillion y cwt powdr, ac i'r gorllewin, y barics. Codwyd dau gan llath o ffordd haearn at inclên serth dros dir corsiog a ymunai ag estyniad o ffordd haearn chwarel y Prince of Wales. Dyma'r ffordd yr awn ni i ymuno â'r llwybr igam-ogam at yr afon ger Blaen Pennant.

Ffugenw trigolion Cwm Pennant erstalwm oedd 'Belisiaid y Pennant'. Pe gwaeddai rhywun hynny yn ffair Penmorfa dôi pob un wan jac allan a byddai yna andros o gwffas. Yn ôl y sôn, dyma'r stori a roes fod i'r ffugenw . . .

Tua pedwar can mlynedd yn ôl roedd gan Syr Robert o'r Nant etifedd pur anystywallt. Priododd sipsi a chael nifer o blant. Ni phlesiai hyn y teulu o gwbl, a'r tro nesaf i'r sipsiwn alw ar eu hynt, trefnodd Syr Robert i dad y ferch ei chymryd gyda hwy, am swm bach teidi o arian wrth reswm. Gwnaed hyn. Ymhen dim o amser aeth y si ar led mai un o'r tylwyth teg oedd y ferch ac iddi fynd gyda'i gŵr i ddal merlen, a phan luchiodd yntau y penffrwyn at y ferlen fe gyffyrddodd yr haearn â'i wraig. Diflannodd hithau ar amrantiad. Magwyd eu plant gan deuluoedd cyfagos, un ohonynt, merch o'r enw Pelisha, ym Mhlas Pennant. Erys ei disgynyddion yn yr ardal hyd heddiw gan arddel yr enw Bellis.

Ar y ffordd y byddwn nes cyrraedd pen y daith bellach, ar lawr y dyffryn gan gadw'n agos i'r afon bob hyn a hyn. Porfeydd da, tir corsiog, gwartheg duon yn syllu'n hamddenol arnoch, arogl hyfryd cae gwair, yr helyg yn ymgrymu dros y dŵr — amrywiaeth ar bob tro.

> Ymwrando y byddaf fi yno
> Am grawc, a chwibanogl, a bref, —
> Hiraethu am weled y moelydd,
> A'r asur fel môr uwch fy mhen,
> A chlywed y migwyn dan wadn fy nhroed.
> (Eifion Wyn)

Bydd amryw yn ymdrochi'n y pyllau, daw eraill i bysgota, rhai yn mentro o'u ceir am bicnic sydyn yn unig, eraill i oedi, i gael heddwch i synfyfyrio a drachtio'r cyfan.

> Cerddais fin pêr aberoedd — yn nhwrf swil
> Nerfus wynt y ffriddoedd;
> A braich wen yr heulwen oedd
> Am hen wddw'r mynyddoedd.
> (Hedd Wyn)

Cwm Prysor neu Gwm Pennant, yr un yw'r teimlad. Dyma ni wedi cyrraedd buarth Braich y Dinas a stori arall . . .

Roedd mab Braich y Dinas yn ŵr ifanc hawddgar, hoff o edrych ar rialtwch y tylwyth teg a sgwrsio â hwy. Syrthiodd mewn cariad ag un ohonynt ond gwrthododd ei briodi. Serch hynny, cytunodd i ddod ato i weini. Ffynnodd popeth dan law y forwyn laeth newydd, cynhyrchid mwy a mwy o fenyn a chaws. O'r diwedd, wedi swnian di-daw y mab, cytunodd i'w briodi ond dim ond pe gallai ddyfalu ei henw. Llwyddodd yntau, a chafodd briodi Sibi ar yr amod na fyddai'n ei chyffwrdd â haearn. Wedi blynyddoedd dedwydd daeth diwedd sydyn i'w hapusrwydd. Bu'r gŵr yn torri brwyn â chryman a cherddai adref gan gario bwndel o frwyn a'r cryman ynddo. Rhedodd Sibi allan o'r tŷ i'w gyfarfod, ac yn ddi-feddwl-ddrwg lluchiodd yntau'r brwyn tuag ati, a thrawyd hi ar ei llaw gan y cryman. Diflannodd ar amrantiad tu ôl i'r twmpath brwyn ac ni welwyd arlliw ohoni byth wedyn . . .

Wedi cyrraedd eto at eglwys Llanfihangel-y-Pennant edrychwch yn ôl at y bryncyn creigiog, dyma'r Graig Gyfyng, neu Bulpud John Elias. Mae lliwiau'r coed a'r dail yn nofio ar y dŵr yn ogoneddus yma'n yr hydref, yn enwedig i greadur fel fi a fagwyd ar lechwedd eitha llwm.

> Dos i'r goedlan yn yr Hydref
>   Pan fo'r enfys ar y coed, —
> Pan fo'r dail a si'n ymollwng
> Yn ddiferlif ger dy droed.
>   (Eifion Wyn)

Mae'n werth picio i mewn i'r fynwent a chrwydro o gwmpas. Ar un garreg mae'r englyn hwn i gofio dau frawd o Felin Llecheiddior gollwyd yn Ffrainc adeg y Rhyfel Mawr, gan eu cyfaill Robert Williams Parry:

> Nid fan hon y dwfn hunant; — dros y môr
>   Dyrys, maith gorffwysant,
> Ond eu cofio'n gyson gânt
> Ar y mynor ym Mhennant.

Do, cyrhaeddodd erchylltra'r ffosydd Gwm Pennant, Cwm Prysor a phob cwm arall. Gobeithio bod plant heddiw'n cael cyfle i ddysgu englynion a cherddi eraill ar eu cof. Mi fyddant yno weddill eu hoes.

Wrth yrru'r car yn ôl am y ffordd fawr efallai y gwelwch Blas Bryncir drwy'r coed, stad fu'n eiddo hen deuluoedd Eifionydd ac a ddaeth i feddiant teulu Huddart ar ddechrau'r bedwaredd ganrif ar bymtheg ac wedyn teulu Greaves.

> Mi garaf hen gwm fy maboed
> Tra medraf fi garu dim;
> Mae ef a'i lechweddau'n myned
> O hyd yn fwy annwyl im;
> A byddaf yn gofyn bob gwawrddydd
> A'm troed ar y talgrib lle tyrr,
> Pam Arglwydd y gwnaethost Gwm Pennant mor dlws
> A bywyd hen fugail mor fyr?
> (Eifion Wyn)

Wedi crwydro'r cwm fel hyn, synhwyro dirgelion y gorffennol ac ymhyfrydu yn yr harddwch a'r heddwch, hawdd y gallwn gydymdeimlo â theimladau'r bardd.

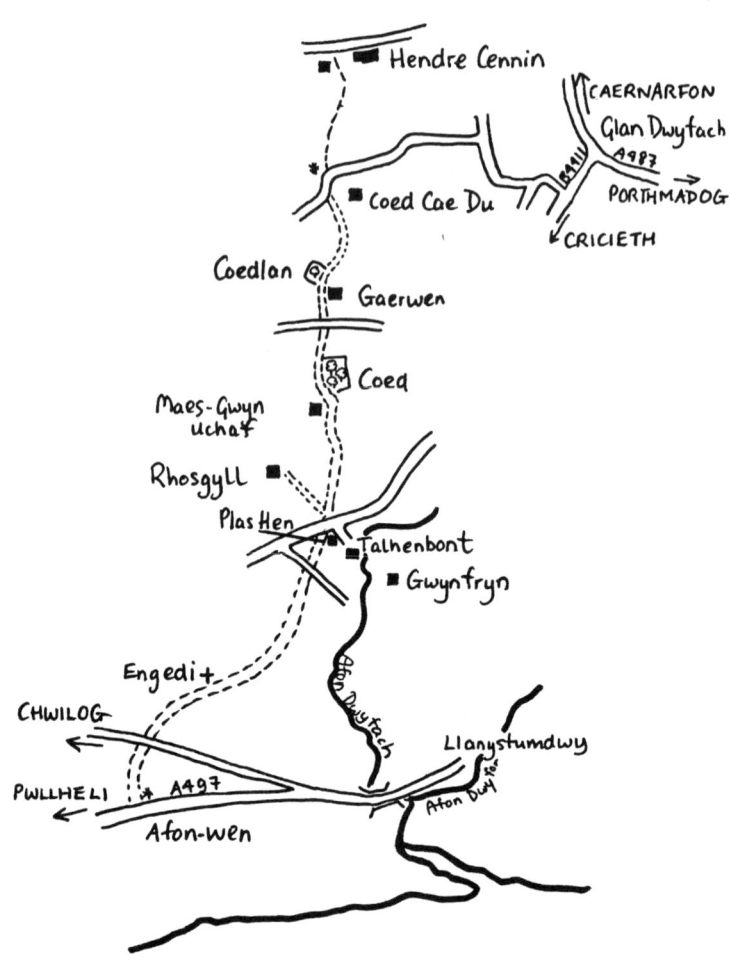

2. Y Lôn Goed

Hyd: 7.5k/5 milltir neu 15k/10 milltir yn ôl a blaen
Dringo: Dim heblaw camfeydd!
Amser: 2.5/5 awr
Ansawdd: Llwybr gwastad, hawdd ei ddilyn, wedi ei arwyddo

Man cychwyn: SH 458435
Tro yn y ffordd ger Coed Cae Du

> A llonydd gorffenedig
> Yw llonydd y Lôn Goed,
> O fwa'i tho plethedig
> I'w glaslawr dan fy nhroed.
> I lan na thref nid arwain ddim,
> Ond hynny nid yw ofid im.
> ('Eifionydd' — R. Williams Parry, 1924)

Disgynnodd y dail ddeg a thrigain o weithiau ers pan ddihangodd Robert Williams Parry o 'olwg hagrwch Cynnydd' i rodio'r llwybr pum milltir yma yng nghalon Eifionydd. Daeth llawer tro ar fyd, cyflymodd rhuthr bywyd yn ddirfawr, ond mae'n debyg na chollodd y Lôn Goed ddim o'i rhin na'i hawyrgylch falmaidd.

Gwir yw geiriau'r bardd, 'I lan na thref nid arwain ddim', gydag un pen iddi ar dir Hendre Cennin a'r llall ar fin y ffordd fawr ger 'Afon-wen Laundry'. Ond, fel gyda phob llwybr debyg gen i, roedd yna bwrpas i'w fodolaeth heblaw hamddena 'slawer gwanwyn yn ôl. Fel hyn y daeth hi i fod. Daeth hen dreflan y Betws i feddiant teulu y Vaughaniaid o Gors y Gedol yn Ardudwy, ac yna pan fu farw yr olaf o'r dywededig deulu yn ddi-etifedd yn 1791 trosglwyddwyd y stâd i feddiant teulu Mostyn.

Rhwng 1817 a 1833 cyflogodd Syr Thomas Mostyn oruchwyliwr o Northumbria i reoli ei stâd, gŵr o'r enw John Maughan, a bu hwnnw'n egnïol iawn wrth ei waith. Gwnaed llawer o waith traenio, codi ffyrdd a phlannu coed dan ei oruchwyliaeth gan

Y Lôn Goed

llwybr a enwyd ar ei ôl — Ffordd Maughan — llwybr a redai o Bont Ffriddlwyd wrth geg Afon-wen at droed Mynydd Cennin. Prif bwrpas y llwybr oedd cael mynediad i'r holl ffermydd ac yn arbennig hwyluso cario calch a glo yn rhwydd o'r llongau a angorai yng ngheg Afon-wen, a chario cynnyrch y ffermydd allan.

Dewisodd Maughan lwybr eitha syth, llydan, heb yr un tro siarp, un a redai o fewn cyrraedd i'r prif ffermydd, ac fe wnaed gwaith ardderchog arno. Gosodwyd sylfaen gadarn, yn enwedig drwy'r tir corsiog ac agorwyd ffosydd llydain, tyfnion o boptu fel nad âi'r un drol drymlwythog yn llonydd yn y llaid. Ac i goroni'r cyfan planwyd cannoedd o goed, a'r rhain gyda throadau'r tymhorau a roddodd y fath enwogrwydd i'r Lôn Goed. Fedrwch chi ddychmygu ceffylau'n chwythu wrth dynnu wagenaid o galch heibio'r rhesi o dderw a ffawydd main, iraidd? Diolch nad oedd fandaliaeth ar gerdded bryd hynny.

Eginodd y gwanwyn yn Eifionydd unwaith eto, felly beth am fanteisio ar y cyfle i chwilio am hen gyfeillion? Pwy ŵyr sawl gwanwyn arall a gawn? Tua Hendre Cennin â ni felly, ffermdy lle clywyd canu Eifionydd a dwsinau eraill dan ei gronglwyd gan y teulu cerddorol. Nid yw'r cychwyn yn drawiadol iawn, ar waelod cae garw oddi tan yr adeiladau, ond wedi cyrraedd y ffordd darmac ger Coed Cae Du buan y sylweddolwn ein bod mewn rhodfa goediog arbennig. Corsiog braidd yw'r tir o boptu am filltir neu ddwy, cynefin ardderchog i'r gornchwiglen a'r gylfinir. Sylwch ar y cerrig trymion a godwyd a'u gosod ar ochrau'r llwybr, bellach bron wedi eu gorchuddio â chen oren a llwyd, prawf o lendid awyr iach Eifionydd, hyd yma. Rhyngom a'r awyr las mae'r 'tô plethedig' yn aros am ei wisg werdd a cwyd haid o frain stwrllyd o'r clystyrau trwchus o frigau crin yn yr uchelfannau. Toc down at goedlan ar y dde a nifer o hen goed wedi cwympo mewn tymhestloedd, eu gwreiddiau a'u brigau'n groes-ymgroes â'r cysgodion, gan brocio'r dychymyg.

Y Gaerwen yw'r fferm nesaf welwn ar y chwith ac yma y trigai'r bardd-amaethwr Dewi Wyn o Eifion. Ydych chi'n cofio hon?

> Dwyn ei geiniog dan gwynaw,
> Rhoi angen un rhwng y naw.

Taflwch eich golygon tu hwnt i'r ffermdy tua'r mynyddoedd, y Moelwyniaid, Moel Hebog a Moel-y-gest un ochr a Mynydd Cennin a'r Bwlch Mawr yr ochr arall, sy'n gwireddu geiriau'r bardd:

> Bro rhwng môr a mynydd
> Heb arni staen na chraith
> Ond lle bu'r arad ar y ffridd
> Yn rhwygo'r gwanwyn pêr o'r pridd.

Croeswn ffordd arall yn y man ac ymlaen heibio Maes Gwyn Uchaf. Dacw ji-binc yn pyncio, mwyalchen yn chwilio am damaid, hwyaid yn hedfan heibio; dim byd anghyffredin meddech, nac oes, ond eto fe godent fy nghalon,

> Pa eisiau dim hapusach
> Na byd yr aderyn bach?

Mae olion teneuo yn amlwg yn y coedlannau, a sawl cenhedlaeth wedi bod yn torri'r tyfiant at ffermio, gwresogi ac amryfal ddibenion amaethwyr a chrefftwyr cefn gwlad. Dyma ni'n nesau at yr hen reilffordd, di-sŵn, di-fwg ers llawer blwyddyn bellach. Collwyd llawer o ramant dull o deithio yn ogystal â cholli dull amgenach na'n ffyrdd ar gyfer trafnidiaeth ddiwydiannol. Mae gan sawl un atgofion am ddyddiau'r trên.

> Ar y trên i Afon-wen
> Collais i fy mhen,

chwedl Sobin.

Pwy sy'n eistedd â golwg flinedig arnynt ar y wifren wrth y tŷ ond pâr o wenoliaid yn trwsio'u plu ar derfyn antur. Miloedd o filltiroedd yn ôl i'r union fan, rhyfedd o fyd ynte. Y rhai cynta eleni hefyd. Pan beidiwn â gwirioni wrth weld y wennol gyntaf neu glywed gwcw gynta'r tymor bydd ar ben arnom. Y pethau bach yma yw'r gwahaniaeth rhwng bod a byw i mi.

Croeswn at dir sychach yn y man, ond ar fy ngwir wrth ddweud, daw oglau sur pwll mawn i'm ffroenau a gwelaf ddisgleirdeb yr haul ar y merddwr tywyll — mawn fu'n danwydd i genedlaethau, ac a gymerodd filoedd o flynyddoedd i ffurfio, mawn all guddio neu ddangos hanes ein doe a'n hechdoe yn y gronynnau paill a'r cyrff cadwedig ynddo. Fel y dywed y bardd:

> Mae yno flas y cynfyd
> Yn aros fel hen win.

Awn heibio ceg llwybr Rhosgyll ac at ffordd eto. Pe cerddech i'r chwith fe aech heibio Betws Fawr, cartref Robert ap Gwilym Ddu, awdur y geiriau canlynol:

> Mae'r gwaed a redodd ar y groes
> O oes i oes i'w gofio,
> Rhy fyr yw tragwyddoldeb llawn
> I ddweud yn iawn amdano.

Croesi wnawn ni, ysywaeth, a heibio ffermdy Plas Hen. Codwyd tŷ presennol Plas Talhenbont yn 1607 a'r hen enw arno oedd Plas Hen, sydd erbyn heddiw'n enw ar y fferm. Draw yn y coed fe welwch dyrrau Plas y Gwynfryn a ddifrodwyd gan dân yn 1983. Ym Mlaen-y-wawr ger y Gwynfryn y magwyd y teulu llengar, John Griffith, Robin a Madge Williams (Hindley). Dyma'r stad a'r ardal y cawsom eu hanes gan J.G. Williams yn ei gyfrolau cyfareddol, *Pigau'r Sêr* a *Maes Mihangel*, ddaeth â'r dyddiau pan oedd y stadau yn eu bri mor fyw o flaen ein llygaid. Maent ymysg campweithiau ein llenyddiaeth yn fy marn i.

Mae'r coed yn braff yma a hawdd gweld rhyngddynt hyd yn oed ganol haf, uched yw eu canghennau. Down at Gapel Engedi a'r tŷ capel yn y man, a dacw hanner dwsin o gathod bach yn gwibio a neidio drwy'r greigle liwgar yn yr ardd. Dyma pryd y gwelwn y môr a Bae Ceredigion yn iawn am y tro cyntaf, er bod ein golygon tuag ato o'r cychwyn.

Mae'r llwybr yn wyrddach yma, heb gerbydau trymion fferm yn ei dramwyo, ac ychydig mwy o liw i'w weld o boptu, blodau'r drain a'r eithin yn gymysgfa ac oddi tanynt betalau llygaid Ebrill yn cofleidio'r gwres. Eginodd mes ar lawr; tybed sawl un gaiff gyfle i dyfu cyn cael eu sathru dan droed dyn ac anifail? Mae'n debyg y bu cnwd da y llynedd, gormodedd i'r wiwerod, ac felly gadawyd digon ar ôl, heb eu celcio mewn pantri cudd.

Wrth nesáu at derfyn y llwybr fe welwch nifer o ffawydd cryfion, teimlwch lyfnder braf eu rhisgl. Cyn cyrraedd y ffordd fawr dyma un rhyfeddod arall, castanwydden flwydd yn egino'n wyrdd iraidd ac arlliw o binc ar flaenau'r blagur gludiog.

* * *

A'r haf a lithrodd tros y caeau. Mawr yw ein dyled i Gruffudd Parry am nifer o gyfrolau darllenadwy ond yn fwyaf arbennig ei glasur, *Crwydro Llŷn ac Eifionydd*. Fe'i magwyd ym mro y cynnydd yn Nyffryn Nantlle ond gallai ddianc i heddwch Penrhyn Llŷn neu Eifionydd at ei deulu. Bu'n aros yn Llwyn Annas dros wyliau'r haf pan yn blentyn, pan oedd

> '. . . ffermio ar drothwy'r mecaneiddio . . . Y gwŷdd main a'r ffust a'r cryman wedi mynd, a'r tractor a'r combein a'r bwldosar heb gyrraedd. Yr oedd yn rhaid ymladd i fyw o hyd, a sicrwydd hawledig ein dyddiau ni heb gyrraedd . . .
>
> Aroglau canol haf a'r gwlith newydd godi wrth adwy'r cae tatws. Cymysgedd o aroglau blodau yn y gwrychoedd ac aroglau gwlydd yn edwino, ac aroglau'r pridd ei hunan . . . byddai hamdden gyda'r nos. Hamdden i fynd

i wagsymera hyd y Lôn Goed i fyny at Gapel Engedi neu i lawr i Afon-wen a gwybod bod ynddi rywbeth arbennig iawn.

* * *

Cwympo mae'r dail eto. Daw cariad J.G. Williams at goed i'r amlwg drwy'r gyfrol *Pigau'r Sêr* a pha ryfedd ac yntau wedi ei fagu yng nghanol y fath gyfoeth.

' . . . mae'n siŵr gen i nad oes dim byd mwy nefolaidd yn y byd na chael clywed oglau'r coed a gweld eu lliwiau pan fyddant yn troi'n felyn a choch a brown a phiws a phinc a degau o liwiau eraill o dan haul yr Hydref yn Eifionydd'.

Ydach chi'n cytuno? Ond wrth reswm cariad at fro, at wreiddiau sy'n gyfrifol; mi ddewiswn i lefydd moel iawn, copa mynydd y Cilgwyn neu eistedd ar lan un o'r llynnoedd yng Nghwm Silyn fel yr agosaf at y nefoedd allaf fod, hyd yn hyn beth bynnag. Gwrandewch ar J.G.W. eto:

> Cerddwn i lawr heibio i'r Maes Gwyn a'r Crossing a'r Rhosgyll Bach a meddyliaf mai'r rhan orau o'r holl Lôn Goed ar ei hyd yw'r rhan hon, o'r Rhosgyll Bach i lawr heibio i'r Plas Hen ac i gapel Engedi. Hwyrach mai am fy mod yn adnabod y rhan hon yn well na dim rhan arall yr wyf yn teimlo fel hyn, ond wedyn yr wyf wedi crwydro'r Lôn Goed ar ei hyd droeon ac ni welais i unlle ohoni a all gymharu â'r rhan hon. Mae'r coed ffawydd a'r derw ar eu gorau yma, ac yn yr hud arbennig hwnnw sydd rhwng Plas Hen Ffarm a Hidiart mae'r ffawydd ar eu mwyaf urddasol, eu bonnau'n dal ac yn ariannaid a llyfn eu rhisgl, a'r llawr rhyngddynt yn welltglas mân, glân.

* * *

Dechreuodd y dyddiau ymestyn wedi'r dydd byrraf ac aethom ninnau i droedio eto. Dyma ychydig argraffiadau o'r daith ddiweddaraf!

Llwydni'r coed yn drawiadol, llwydni a moelni, fawr o gysgod rhag brath y gwynt. Dail crin ffawydd ifanc ac ambell gelynnen yn torri'r undonedd. Wiwerod yn chwarae mig, yn rhedeg yn chwim o un ochr i'r llall uwch fy mhen, minnau ar 'untroed oediog' yn eu gwylio. Wedi sefyll yn union oddi tan eu man croesi y gwelwn feined ac ysgafned y brigau.

Criw siaradus o ferched heini'n dod i'n cyfarfod. Aros am sgwrs gyda hwy — Merched y Wawr Dwyfor ar daith. Cymdeithas Edward Llwyd oedd hi yn y gwanwyn. Dyna braf gweld cynifer yn mwynhau troedio'r unigeddau a'r hen, hen lwybrau a chynifer sy'n ymwybodol o'n treftadaeth.

Y llwybr yn eitha mwdlyd yma ac acw, do daeth dydd y J.C.B. a'r tractor i rwygo'r croen, ond cofiwn mai at ddibenion amaethyddol y codwyd y llwybr yn y lle cyntaf, bron i ddwy ganrif yn ôl.

Y lle cyfoethocaf ei oglau o bob man y gwn i amdano ydyw Dryll y Dryw, y mwsog, y rhedyn crin, y pridd hen, y coed o bob math, a'r dail crin hyd y llawr, heb sôn am dyfiant yr haf. Nid wyf yn siwr pa un ai oglau'r haf ynteu oglau'r gaeaf a hoffaf fwyaf, ond heddiw yn y byd gwyn, oer hwn, nid oes oglau dim oll i'w glywed a dyfalaf beth mewn difrif i'w feddwl o oglau dim byd, oglau pur, oer yr eira.'

(*Pigau'r Sêr* — J.G. Williams)

Rhyfeddaf at ei ddawn i gofio a darlunio'r manion nes cyfleu awyrgylch mor hynod.

A dyna gylch y tymhorau yn gyfan, a bu sawl cylch o fewn cylch yn hanes y Lôn Goed, fel coeden yn araf dyfu. Dychmygwch hi yn nyddiau prysurdeb ceffyl a throl, pan oedd gweision a morynion ar y ffermydd, pan oedd amser i rodio law yn llaw dan olau'r lloer, pan nad oedd sŵn technoleg yn boddi hwtian y tylluanod. Mae'r coed yna, mae'r adar a'r creaduriaid yna, deil y tymhorau i newid dillad y Lôn Goed, deil ei deupen yn agored i'n gwahodd.

Y Lôn Goed, mewn oed mae hi, — a'i changau
   Yn nych hongian drosti;
Gwynt a glaw fu'r llaw a'r lli
A loriodd ei phileri.

(William Jones)

Mi af innau yno droeon eto gobeithio, 'gydag enaid hoff, cytun'.

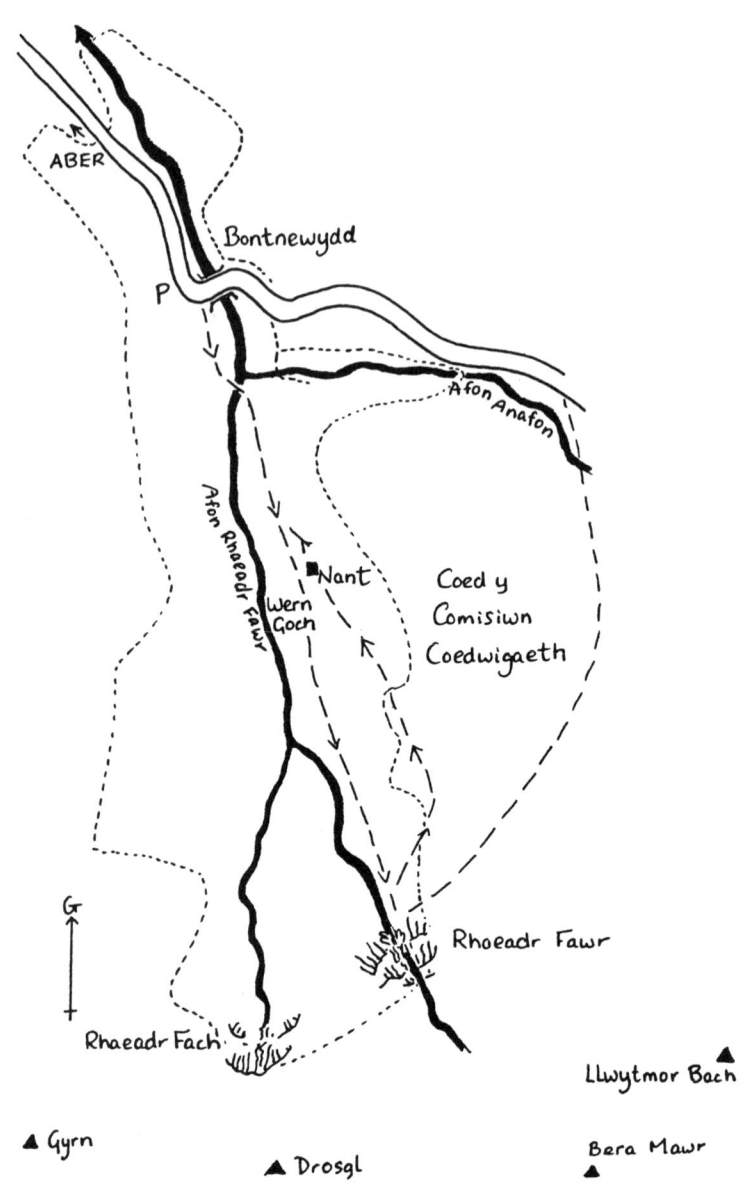

3. Coedydd Aber

Hyd: 4.5k/2.75 milltir
Dringo: 200m/620'
Amser: 1.5 awr
Ansawdd: Llwybr hawdd ei ddilyn, wedi ei arwyddo

Man cychwyn: SH 662720
Maes Parcio Bont Newydd

> Parhau i farchogaeth hyd lan y môr, tuag Aber . . . saif ar enau glyn dwfn, yr hwn a red yn unionsyth am filltir a hanner rhwng y mynyddau, a therfynir ef ar un ochr gan graig ardderchog a elwir Maes y Gaer. Y mae un rhan yn orchuddiedig gan goed; ar y llall nid ydyn ond yn britho ei gwyneb llwyd. Yn y pen pellaf i'r glyn hwn y mae'r mynydd yn arddangos gwyneb ceuol, ynghanol yr hwn y mae rhaiadr dirfawr yn ymarllwys i lawr gyda chwymp dwbl. Y mae yr isaf o uchder tra mawr, a ffurfia un ran fath o len wen fawr, a'r llall fath o wlith euraidd, nid yn anhebyg i'r Stanbach, neu y rhaiadr lluwchlyd, yn Switzerland.'
>
> (*Teithiau yng Nghymru* — T. Pennant;
> cyfieithiad John Rhys. 1778)

Dyma argraffiadau Thomas Pennant pan deithiodd y ffordd yma dros ddwy ganrif yn ôl. 'Sgwn i faint o newidiadau welwn ni erbyn heddiw? Hynodrwydd y dyffryn yw Gwarchodfa Coedydd Aber sy'n cynnwys nifer o gynefinoedd gwahanol, cyfoeth o fywyd gwyllt, ac efallai weddillion y goedwig frodorol. Cofiwch, bu yma ganrifoedd os nad miloedd o flynyddoedd o amaethu cyn i Pennant ddod ar ei hynt.

Beth am roi cychwyn arni i sawru prydferthwch y cwm? Bydd gennych ddewis o ddau faes parcio, un y Warchodfa ger y Bont Newydd ac un y Comisiwn Coedwigaeth ychydig ymhellach ymlaen. Wrth gychwyn drwy'r giât ger yr arwydd daw sŵn dŵr

Coedydd Aber

i'ch clyw, ac yn eich clyw y bydd weddill y daith. 'Nant y mynydd groyw, loyw . . . ' oni bai am fygythiad glaw asid, wrth gwrs.

Mae'n brynhawn olaf Ionawr fel y cychwynwn, prynhawn gwanwynol wedi wythnosau o dywydd tamp, a chynffonnau ŵyn bach yn amlwg fel trimins Dolig ar noethni'r coed. Fel y cwyd y llwybr uwch yr afon daw'r cyfoeth o fwsogl a chen i'r amlwg ar y coed a'r creigiau. Ymysg yr amrywiaeth o goed collddail yn y dyffryn mae cyll, bedw, gwern, llwyf, masarn, ychydig ffawydd, a'r brodorion mwyaf niferus, y deri a'r ynn.

O fewn ychydig gamau down at uniad dwy afon, Anafon a Rhaeadr fawr. Rhyw dro eto byddai'n werth chweil i chi bicio dros y Bont Newydd ac i fyny Dyffryn Anafon at y llyn. Mae un o'r enghreifftiau gorau o gorlannau cerrig crynion ar y ffordd a chylch o fynyddoedd mawreddog yn gwarchod y llyn.

Yr olion cynharaf o aneddiadau yw'r fryngaer ar gopa Maes y Gaer, y bryn serth yn union tu cefn i'r pentref ar yr ochr chwith wrth edrych i fyny'r dyffryn. Dyddia'r gaer o'r oes haearn, tua 500 C.C., ynghŷd â'r olion niferus o'r cytiau cerrig ar lawr y dyffryn. Felly dechreuwyd clirio coed yn gynnar iawn yma, ond ar raddfa fechan, ychydig dir o gwmpas y cytiau i dyfu cnydau a phorfa i'w hanifeiliaid. Byddai hela yn y goedwig yr un mor bwysig ag amaethu i'r trigolion cynnar. Mae'n debyg hefyd i'r Rhufeiniaid fod yma, ond teithio trwodd heb adael fawr o'u hôl heblaw am y ffyrdd wnaethant hwy.

Yn ôl at y daith, a chroesi'r bont droed, heibio'r rhes o gerrig a chen oren fel rhwd drostynt. Mae'r coed yn eitha trwchus ac yn gynefin i amrywiaeth o blanhigion, o'r rhai cynnar a flodeua cyn deilio o'r coed — llygad Ebrill, bara'r gôg, blodyn y gwynt, briallu a chlychau'r gôg — ac ymlaen gyda'r rhod. Gwelwch ddwy ddeilen pidyn y gôg yn eitha cynnar hefyd. Os mai ar adar y mae eich bryd, yna codwch eich golygon tua'r brigau a'r nef i geisio canfod neu glywed un o'r tair cnocell, y werdd a'r fraith fwyaf a lleiaf, dryw eurben, telor y cnau, tingoch, dringwr bach, ji-binc, nifer o deloriaid a'r gwybedog brith y mae'r dyffryn yn gynefin nythu pwysig iddo.

Wrth ddod at lecyn agored daw nifer o goed poplysen balsam i'r golwg tu cefn i'r ffens ar y chwith ac arogl hyfryd iddynt gydag ymchwydd ireidd-der y gwanwyn. Dyma ran o goedwig y Comisiwn Coedwigaeth, ond fel y gwelwch, nid coedwig unffurf, unlliw, undonog mohoni fel llawer, diolch byth. Britha amryw o goed collddail ac amrywiaeth o gonwydd y tir gan greu clytwaith atyniadol o liw trwy gydol y flwyddyn, ac ar yr un pryd yn hybu amgenach amrywiaeth o fywyd gwyllt.

Safodd rhai o'r deri yma ers amser maith, gan herio pob rhyferthwy, mae dwy o rai praff, tua 250 mlwydd oed ar y chwith inni rŵan, yn frith o gen. Mae ffurf y canghennau pan gaiff y dderwen rwydd hynt i ymestyn yn ddilyffethair yn adlewyrchu eu cadernid a'u hirhoedledd i mi, hi yw brenhines ein coed.

Gwelwn y mynyddoedd o'n blaenau bellach, yn gadwyn gref, warcheidiol o gwmpas y rhaeadr, o'r Llwydmor i'r Bera Mawr, Bera Bach, Drosgl a Moel Wnion. Cadernid Gwynedd; lloches ddiogel i'n tywysogion a'n hamddiffynwyr rhag trachwant Norman a Sais. Maen nhw yma o hyd. Wrth oedi i syllu arnynt a myfyrio gwelais dri aderyn yn troelli'n urddasol ar y cerynt. Gwyliais a rhyfeddais drachefn.

Daeth teulu o gerddwyr heibio ac aros, a chlywais acen swanc yn gofyn, *'I say, do you know what they are?'*. Bu ond y dim i mi a dweud, 'Eryrod Eryri', cans ehedodd fy nychymyg yn ôl i gyfnod cythryblus nofelau Rhiannon Davies Jones a disgwyliwn unrhyw funud weld Llywelyn neu Dafydd yn marchogaeth draw a chlywed udo eu helgwn. Ymbwyllais, ac eglurais mai'r bwncath oedd dan sylw uwch ein pennau. Mae'r cudyll coch a'r hebog tramor yn cynefino yma hefyd, a digon o fwyd iddynt, mae'n debyg. 'Sgwn i fu yma heboga yn yr hen ddyddiau?

Erbyn Oes y Tywysogion daeth Abergwyngregyn yn un o lysoedd pwysicaf y wlad, gan ddatblygu yn brif lys Llywelyn Fawr yma yng Nghwmwd Arllechwedd. A dyma benbleth, ble yn union oedd Llys Llywelyn? Mae amryw o gynigion. Y bryncyn nodweddiadol o'r cestyll mwnt a beili, tomen y mwd, medd rhai. Credai eraill mai hen ffermdy Hafod y Gelyn yn nyffryn Anafon ydoedd. Ac yn ddiweddar daeth ffefryn newydd i'r gystadleuaeth, plasty Pen-y-Bryn, gyda'r perchnogion yn hawlio bod tystiolaeth archaeolegol i brofi mai yma'r oedd y llys. Yr hyn a wyddom i sicrwydd yw i lys Llywelyn Fawr fod rhywle yn y cyffiniau wyth ganrif yn ôl. Gwyddom hefyd i Siwan, ei wraig, a Gwilym de Breos ymserchu yn ei gilydd, i Dywysog Gwynedd glywed am y gyfathrach, ac i'r hen Gwilym gael ei grogi ar gwr y goedwig.

'Yn gynnar ar fore Gŵyl Fair yr Haf gwelwyd tyrfa fechan yn gweithio'i ffordd allan hyd lwybr yr eglwys, sef eglwys y llys i lawr ar y gwastad. Y môr yn las hyd y Gogarth Mawr, cribau Mynyddoedd Eryri yn chwilio'r awyr o ben yr Wyddfa a thros y Carneddau, ac Ynys Môn fel gem fechan rhyngddynt a gwlad y Gwyddyl, yn y gorllewin pell. Awyr las ym mhobman a chymylau traeth-awyr yn y ffurfafen. Bore braf oedd hwn a'r llys i gyd ar gerdded, rhai i'r mynydd i hela, rhai i'r meysydd i lafurio a'r gwragedd i'r teios i baratoi ymborth.'

(Cribau Eryri — Rhiannon Davies Jones)

O dderbyn pwysigrwydd y llys mae'n deg tybio y byddai nifer dda o bobl yn byw yma ac felly byddai angen tipyn go lew o ymborth arnynt. Felly byddai cyfran helaeth o'r tir gwastad i lawr at y môr yn dir âr, a dyffryn Aber yn borfa. Gwelir felly bod clirio coed ar gyfer sefydlu tir amaeth ac ar gyfer tanwydd yn hen, hen stori yma.

Cyn cyrraedd tyddyn y Nant mae llain o dir wedi ei neilltuo a'i ffensio ar y chwith, i gadw'r defaid draw ac i roi cynnig ffafriol i blanhigion dyfu. Ychydig iawn o goed ifanc gaiff gyfle cyn cael eu sathru neu eu cnoi ar borfa'r defaid. Yma, ar y gongl, dengys y slabiau o lechfeini weddillion hen drochfa defaid. Daeth diwedd ar oes tyddyn y Nant yn 1955, a bellach eiddo'r Cyngor Cefn Gwlad ydyw, gyda'r beudy'n ganolfan wybodaeth. Chwiliwch am y blwch nythu ar gyfer ystlumod ar y dderwen wrth y dip, gyda hollt gul oddi tano, rhy gul i wiwerod na'r adar manaf feddiannu cartre'r ystlum. Cofnodwyd o leiaf ddau fath yn y dyffryn.

Conwydd collddail yw'r llarwydd ac fe safant allan yn amlwg ar y chwith, yn frown a noeth ganol gaeaf ond yn wyrdd golau hyfryd pan ddaw tyfiant y gwanwyn. Yr ochr arall mae hen goedwig y

Wern Goch. Defnyddid coedyn y wernen i wneud clocsiau ar un adeg, ynghyd â choesau brwsys, ac i ffensio. Gall ffynnu mewn tir gwael, eitha di-faeth, boed gorsiog neu dir diffaith fel tomennydd llechi. Oherwydd tlodi'r tir, datblygodd drefn arbennig i gael ei maeth o nitradau trwy gadw nitrogen mewn lympiau ar y gwreiddiau i adweithio gyda ffyngau. Ffensiwyd y Wern i gadw'r defaid barus draw gan roi rhwydd hynt i'r coed ailsefydlu ac i'r is-dyfiant gael datblygu. Gwarchodfa, ia, ond tir amaeth hefyd, ac felly rhaid cael cydbwysedd teg rhwng amaethu, cadwraeth a mwyniant, ac nid ar chwarae bach y llwyddir.

Erbyn y bymthegfed a'r unfed ganrif a'r bymtheg bu mwy o glirio a chodi waliau cerrig i ffurfio caeau. Yna daeth y galw cynyddol am goed gyda thwf y rheilffyrdd yn y bedwared ganrif ar bymtheg. Mae'n wyrth felly bod yr un goeden ar ei thraed yma! Ond rhaid wrth ofal a mesurau pendant i warchod ac ailsefydlu cynefinoedd cyn iddi fynd yn rhy hwyr. Rhannau yn unig o'r Warchodfa sy'n eiddo'r Cyngor Cefn Gwlad, rhennir y gweddill rhwng yr Ymddiriedolaeth Genedlaethol, Fferm Coleg y Brifysgol, Bangor a'r Comisiwn Coedwigaeth, gyda chydweithio'n hanfodol i les y dyffryn.

Dyma ni yng ngolwg cors eang ar y dde, ac os na faliwch am wlychu eich traed efallai y carech chwilota ymysg y brwyn am rai o deulu'r gors, melog y waun, llafn y bladur, pys y ceirw, chwys yr haul neu degeirian brych y waun. Mae gen i esgus da dros gadw nhroed yn sych heddiw gan na fydd blodau ym mis Ionawr! Daw sŵn y rhaeadr yn uwch ac yn uwch erbyn hyn. Yr ynn sydd fwyaf poblog yma, a'u canghennau llyfnion, llwyd yn crymu'n osgeiddig, ac ambell i dderwen yn eu plith â'u brigau'n ymgroesi a chordeddu fel nadroedd cynddeiriog. Gwelir cryn ôl traul ar y llwybr fel y down i dir mwy agored a chreigiog, tystiolaeth i'r nifer cynyddol o gerddwyr, ac o ganlyniad y perygl o erydu'r gramen fregus yn enwedig ar lethrau fel sydd o'n blaen, lle codwyd grisiau cerrig. Tu draw i'r wal gerrig ar y dde gorwedda adfeilion Ysgubor Goch, sy'n profi bod amaethu hyd yn oed ym mhen pella'r cwm ganrifoedd yn ôl.

Ac o'r diwedd dacw'r rhaeadr ei hun, prif gyrchfan y cerddwyr pnawn Sul. Ond tybed faint ohonynt sydd ar ormod o frys i gyrraedd pen y daith a cholli llawer o'r rhyfeddodau a welsom hyd yma? Cofiwch, mae'r rhaeadr yn drawiadol iawn, y graig *granophyre* galed, dywyll a wrthsefodd rym y rhewlif, y dŵr cannaid yn chwyrnellu'n ddi-baid dros bron ddeugain metr o naid a'r cymylau llwydion yn gawodydd, glaw neu hindda; yna y cerrig anferth, llithrig, blith-drafflith ar wely'r afon. Sawrwch awyrgylch y fangre, lle troediodd Llywelyn Fawr a'r Llyw Olaf bid siŵr. A fu ef yn syllu, cynllunio a dyheu, yma dan gyfaredd y dŵr?

Tyf y coed a'r llystyfiant yma ar dir rhy serth i'r defaid a cheir amrywiaeth o fwsoglau a llysiau'r afu, planhigion sydd angen amodau arbennig o damprwydd parhaol, ac felly'n fodlon eu byd o fewn chwistrell y rhaeadr.

Wedi seibiant haeddiannol, cychwynnwn yn ôl ar yr un ffordd i ddechrau nes cyrraedd y giât mochyn ac arwydd 'Llwybr y Meuryn'. Yma trown ar y dde a dringo'r llwybr carregog wrth odre'r sgri nes cyrraedd camfa ar gwr y goedwig. Oedwch hanner ffordd, mae golygfa drawiadol i lawr y dyffryn a thua'r môr a Thraeth Lafan ac Ynys Môn. Ffordd acw'r aeth Siwan ar ei siwrnai olaf o Lys Aber i Lanfaes. Fe'i carcharwyd wedi i Lywelyn ddod i wybod am ei pherthynas â Gwilym de Breos a disgrifia Saunders Lewis hi'n syllu dros Draeth Lafan at Benmon:

> O ffenestr llofft fy ngharchar
> Tu draw i lawnt y grog a thywod Lafan,
> Draw dros y Fenai, ni welwn Dindaethwy a Llanfaes.
>
> Pan fydda' inna' farw,
> Ei di a'm corff i drosodd mewn cwch a'i gladdu
> Yno, yn y fynwent newydd, a rhoi'r tir
> I frodyr Ffransis i godi tŷ a chapel?
> *(Siwan)*

Cafodd ei dymuniad.

Sylwch ar siap y coed drain yma, yn ymgreinio i'r llethr mewn gwrogaeth i'r gwyntoedd. O edrych dros yr afon gwelwn borfa donnog y Waun a haul hwyr brynhawn yn amlygu pant a phonciau y mariannau ollyngwyd gan feirioli'r rhewlif. Yn nes atoch, mewn tro yn yr afon, erydwyd marian yn ei hanner i ddangos y clog-glai. Sbel tu hwnt llifa i'r rhaeadr bach, trawiadol iawn mewn dyffryn arall, ond yma'n byw yng nghysgod ei chwaer fawr.

Wedi cyrraedd y gamfa rhed llwybr arall yn siarp yn ôl ar letraws hyd y sgri. Rhyw dro arall gallech ddilyn hwn i gyrraedd yr ochr uchaf i'r rhaeadr ac i gwm afon Goch rhwng Llwytmor a'r Bera Mawr, ac oddi yno gwahodda ehangder mawr y Carneddau y cerddwr brwdfrydig. Mi fyddai'n werth i chi fod o gwmpas y llethrau pan ddoir â defaid y Carneddau i lawr o'r mynydd, y cŵn, bugeiliaid a defaid dirifedi yn ymddangos fel manna o bob cyfeiriad. Cael profi rhin yr unigeddau fel y gwnaeth J.T. Job:

> Ffarwel i Gwm Pen Llafar
> A'i heddwch di-ystŵr;
> Lle nad oes lef — ond ambell fref,
> A Duw, a sŵn y dŵr.'

Ond heddiw, allan o gynhesrwydd yr haul i'r cysgodion yr awn ni. Hollta ambell belydr y brigau i euro'r llawr crin. Mae tipyn o ôl cerdded ar y llwybr yma eto ac un neu ddau o lefydd eitha mwdlyd. Spriws sitka a llarwydd blannwyd yn bennaf ar y tir gorau lle tyfai'r gwair a'r rhedyn gynt, ond yn uwch i fyny ar bridd teneuach, cynefin y grug a'r llus, plannwyd pinwydd *lodgepole*. Ymhlith adar y goedwig mae'r bioden, sgrech y coed, pila gwyrdd a'r dryw eurben. Gyferbyn, ar lethrau Moel Wnion, plannwyd blociau o gonwydd fel arbrawf gan fferm Coleg y Brifysgol i geisio darganfod effaith cysgod ar dyfiant ac ar ymddygiad y defaid ar dir uchel.

Arferai'r wiwer goch a'r bele drigo yma, ac yn oes Tywysogion gwelid aml i gath wyllt yn y goedwig a'r eryrod uwchben. Disodlwyd y goch gan y wiwer lwyd bellach a diflannodd y dyfrgi o'r dyfroedd, ond erys un heliwr, y cadno coch. Beth yw eich barn ynglŷn â chyflwyno creaduriaid yn ôl i'w hen gynefinoedd? Byddai'n rhaid bod yn ofalus iawn rhag siglo'r cydbwysedd bregus, ond wedi meddwl, dyn dorrodd y cylch i ddechrau, felly oni ddyliem geisio ei adfer? Os nad ymyrrwn, edwino a diflannu wna aml i rywogaeth, boed anifail neu blanhigyn, fel y prinha eu cynefinoedd naturiol. Beth fyddai hynt y barcud yn nghanolbarth Cymru heb help llaw dyn? Rhywbeth i chi gnoi cil arno.

Down allan o'r coed, a dilyn y ffens ar i waered, heibio clwstwr o ffawydd ifanc. Dacw foncyff pydredig yn ffwng drosto, anffawd un yn noddfa i arall. Yn y man down i lawr ychydig islaw Nant at y llwybr a gerddasom i fyny'r dyffryn. Mae'n ddiddorol weithiau cael dychwelyd yr un ffordd, cawn olwg wahanol ar bethau, ac efallai sylwi ar rywbeth nas gwelwyd y tro cyntaf.

Pam mynd i gerdded deudwch? Ydi'r geiriau yma gan Saunders Lewis yn rhan o'r ateb?

> Gwaun a môr, cân ehedydd
> Yn esgyn drwy libart y gwynt,
> Ninnau'n sefyll i wrando
> Fel y gwrandawem gynt.
>
> Be sy'n aros, pa gyfoeth,
> Wedi helbulon ein hynt?
> Gwaun a môr, cân ehedydd
> Yn disgyn o libart y gwynt.
>
> ('Lavernock')

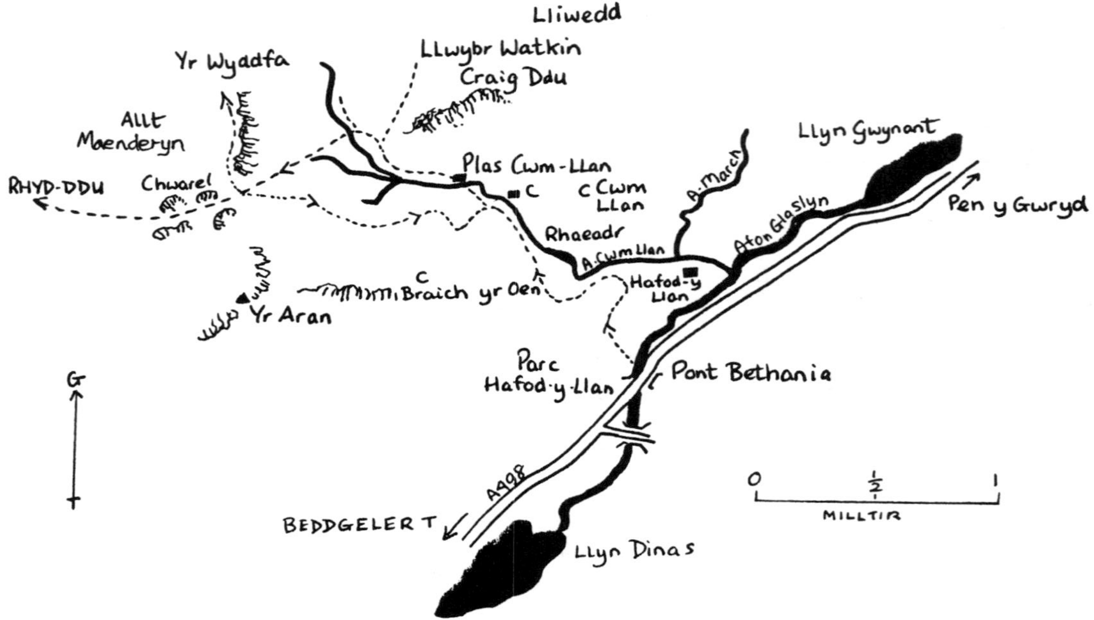
Lliwedd
Llwybr Watkin
Craig Ddu
Yr Wyddfa
Allt Maenderyn
RHYD-DDU
Chwarel
Plas Cwm-Llan
C
C Cwm Llan
Rhaeadr
A. Cwm Llan
A. March
Llyn Gwynant
Afon Glaslyn
Pen y Gwryd
Hafod-y Llan
C
Braich yr Oen
Yr Aran
Parc Hafod-y-Llan
Pont Bethania
A498
BEDDGELERT
Llyn Dinas
G
0
½
1
MILLTIR

4. Cwm Llan

Hyd: 7k/4.5 milltir
Dringo: 300 metr/960'
Amser: 2.5 awr
Ansawdd: Llwybrau hawdd eu cerdded

Man cychwyn: SH 627506
Maes Parcio Pont Bethania

Dyma daith ar lethrau'r Wyddfa, lle nad oes raid i chwi gyrraedd y copa i gael llawn fwynhad. Dyma un o'n teithiau gaea pan oedd y plant yn fychan a'r tywydd yn rhy erwin ar y copaon. Cofiwch, fe gewch beth dringo, ond o lan afon Glaslyn at ben pella'r cwm, dim ond rhyw 300 metr o wahaniaeth sydd yna, a chan nad ydym fawr uwchlaw lefel y môr yn nyffryn Gwynant ni raid cyrraedd tir uchel iawn.

Y tro hwn mae'n bnawn Gwener y Groglith pan gychwynnwn o'r maes parcio ger Pont Bethania i ddilyn llwybr Watkin a chael cyfle i weld olion y rhewlif ac olion dyn yn cloddio am drysorau'r creigiau. Mae'r cwm yn rhan o Warchodfa'r Wyddfa dan reolaeth y Cyngor Cefn Gwlad bellach. Mae'n heulwen wedi glaw arnom fel yr awn ar y ffordd am ffermdy Hafod-y-Llan ac afon Meirch fel llefrith yn llifo o biser ar lethr deheuol y Lliwedd, ond y grib ei hun dan orchudd o niwl. Mae'r adar yn telori yng nghoed Parc Hafod-y-Llan yr ochr uchaf i'r llwybr — dyma weddillion yr hen goedwig dderw frodorol. Sylwch ar y mwsog a'r rhedyn ar y clawdd cerrig, y clystyrau trwchus o fwsog ar y cerrig ymysg y coed a'r amrywiaeth o gen. A dacw'r helyg yn plygu dros y Glaslyn yn dechrau blaguro.

Cymerwch y fforch gyntaf ar y chwith i ddringo uwchben ffermdy Hafod-y-Llan ac yn fuan croesi dros afon Gorsen. Mae yna ryw hanner dwsin o gaeau gwastad ar lawr y dyffryn, ond fferm fynydd yw Hafod-y-Llan a thros gynefin eu defaid hwy y troediwn. Yn y man fe welwn eto berygl ymgripiad y *rhododendron*

Adfail barics chwarel Cwm Llan

ponticum pan gaiff rwydd hynt. Wedi dringo at dro bach fe welwch inclên yr ochr isaf i'r llwybr, cyn cyrraedd gwastadedd y dyffryn. Craffwch i fyny ac fe'i gwelwch yn dringo drwy hollt yn y graig ac o'n golwg, olion diamheuol bod dynion wedi hollti'r creigiau i chwilio am fwynau a llechi.

Fel y down at dro eang i'r chwith awn o gysgod y coed am weddill y daith, allan i eangder y mynydd-dir, ac yn syth bin fe chwydda sŵn afon Cwm Llan. Dyna gyfle am saib i ymarfer y synhwyrau. Edrychwch yn ôl ar Nant Gwynant, lle llifa'r afon Glaslyn o lynnoedd Glaslyn a Llydaw, heibio gorsaf drydan Cwm Dyli, heibio hen ffermydd Gwastad-annas a Hafod Rhisgl ac yna i Lyn Gwynant, heibio Hafod-y-Llan lle'r ymuno afon Cwm Llan â hi cyn ymgolli yn nyfroedd Llyn Dinas. Dychmygwch yr olygfa tua deg i ddeuddeg mil o flynyddoedd yn ôl pan lifai'r rhewlif i lawr y dyffryn gan grafu'r ochrau creigiog a rhugno'r gwaelod i ffurfio'r cafnau lle gorwedd y ddau lyn heddiw. Dychmygwch y rhewlif ochreuol yn llithro i lawr o Gwm Llan; mae olion y rhew wedi llyfnhau'r creigiau ar y chwith i'r llwybr. Fe weddnewidwyd y tirwedd yn ddramatig mewn byr amser yn nhermau daeareg gan y rhewlifoedd, ond y mae newid cyson os araf, yn parhau hyd heddiw, sef effaith dwr a rhew. Parha afon Cwm Llan y broses o erydu a hawdd dirnad grym y dŵr heddiw wedi'r glaw pan welwn y rheaeadrau ewynnog a chlywed y rhu di-daw.

Cadwch at droadau'r llwybr pan ddowch ar draws yr hen ffordd haearn eto, mae'r tir yn fregus a rhaid osgoi y demtasiwn i gymryd y llwybr byrraf a rhwygo'r pridd. Wnaiff un pâr o esgidiau fawr o wahaniaeth, ond pan dry un ac un yn gannoedd ac yn filoedd . . .

Llethr Clogwyn Brith sydd o'n blaenau, enw addas, ac fe welwch yr inclên yn disgyn hyd ochr dde'r clogwyn; o edrych yn ôl fe welwch yr hen ffordd haearn yn anelu at yr hollt yn y graig yr edrychasom i fyny arni gynnau fach. Dychmygwch y llafur o godi'r fath lwybrau ganrif a hanner yn ôl. Awn heibio celynen unig a dynesu at yr afon a'i rhaeadrau ar lwybr creigiog. Yr ochr draw i'r afon mae Cwm Meirch ac i fyny acw àr lethrau ysgithrog y Lliwedd bu chwilio a chloddio am gopr; mae sawl lefel yn diflannu i grombil y mynydd a'r staeniadau brown-goch yn dynodi'r mannau.

Llethrau garw, lle gall y tywydd newid o heulwen i niwl ar amrantiad, lle delfrydol i'r tylwyth teg ymddangos, a diflannu yr un modd . . .

Arferai Cwm Llan fod yn boblogaidd iawn gan y bobl fach a gwelai bugeiliaid Hafod-y-Llan hwy'n ddyddiol bron. Un prynhawn niwlog roedd bugail yn dod i lawr o Fwlch Cwm Llan pan welodd dyrfa fawr o'r bobl fach yn canu a dawnsio'n ysgafndroed a'r merched mwya glandeg a welodd erioed yn paratoi gwledd. Aeth atynt a chael croeso, yn wir ni flasodd y fath ddanteithion yn ei fyw. Pan ddaeth y cyfnos codwyd pebyll ysblennydd ac arweiniwyd ef at wely gyda chynfasau moethus arno. Syrthiodd i gysgu mor falch â thywysog. Ond gwae efo! Pan agorodd ei lygaid yn y bore twmpath o hesg oedd ei wely a mwsog oedd ei glustog. Ond na hidier, roedd darnau arian yn ei esgidiau ac yn wythnosol wedi hynny cai arian rhwng dwy garreg ger y fan y cysgodd. Un diwrnod, gwaetha'r modd, rhannodd ei gyfrinach â chyfaill ac ni welodd arlliw o'r arian wedyn.

Roedd bugail arall yn chwibannu ar ei gi i gyrchu'r defaid pan glywodd sŵn griddfan yn dod o agen mewn craig. Aeth yn nes, a gwelodd mai merch fechan oedd yno'n methu symud gewyn. Tynnodd hi'n rhydd, ac yn fuan ymddangosodd dau ddyn canol oed a diolch iddo am ei garedigrwydd. Rhoesant ffon iddo yn anrheg. Y gwanwyn dilynnol daeth pob un ddafad o'i eiddo â dau oen, dim byd anarferol heddiw efallai ond anghyffredin iawn bryd hynny. Ac felly y bu am sawl blwyddyn. Yna un noson stormus arhosodd braidd yn hwyr yn un o dafarnau Beddgelert, a phan gychwynnodd adref roedd y storm yn ei hanterth a chwyrnellai'r gwynt a phistyllai'r glaw. Wrth geisio croesi afon Cwm Llan collodd ei ffon yn y llifeiriant. Trannoeth canfuwyd bod bron bob un o'i ddefaid wedi eu sgubo ymaith gan y llifeiriant. Ac felly'r aeth cyfoeth ei fferm fel y daeth — gyda'r ffon.

Mae'r rhaeadr yn werth ei weld a'i glywed yn anterth y llifogydd gaeafol. Gwelwch gwpannau crynion yn y pyllau a'r dŵr yn wyrdd golau fel gwydr. Ym mhen ucha'r rhaeadr mae olion gwaith copr Hafod-y-Llan. Roedd cael dŵr yn disgyn yn fanteisiol i droi'r peiriannau ac i olchi'r mwynau ac yma y safai'r olwynion dŵr a'r peiriant malu, y *crusher*. Edrychwch ar y clogwyn uwchben yr adfeilion, dacw greithiau'r gwaith, y lefelau yn turio i grombil y mynydd. Yr ochr gyferbyn, ar lethr Clogwyn Brith, roedd gwaith arall, Braich-yr-Oen. Oherwydd natur gymhleth y graig a'r safle anhygyrch, heblaw am brinder mwyn, ni fu'r gweithfeydd yn llewyrchus iawn. Ysbeidiol fu'r gweithio, cloddio gobeithiol, siom, gadael i bethau fod, ailafael ynddi eto, dro ar ôl tro. Mae cofnod i gopr Hafod-y-Llan gael ei werthu yn Abertawe mor gynnar â 1825, ac yn 1847 codwyd 150 tunnell o gopr a 30 tunnell o blwm. Bu Alan Searell a Henry McKellor yn ymwneud â'r gwaith ym mhedwardegau a phumdegau'r ganrif ddiwethaf, a dyma a groniclir ganddynt:

'*The ore to be weighted and sampled before leaving the Dressing floor called Pen y Ceunant.*'

Dyma gyfeiriad amlwg at safle'r adeiladau, yn union uwchben y ceunant. Ac ymhellach, fe nodir:

'*I have this day been at Braich yr Oen and set four men to drive the level, it took them all day yesterday to clear the mouth.*'

Rhed y llwybr i'r chwith i fyny am Fraich-yr-Oen ar beth a elwid ganddynt yn '*stone-block tramroad*', gwelir y grisiau cerrig a dau bâr o dyllau ynddynt, nis gwyddys eu hunion ddefnydd, ond beth sy'n amlwg yw'r problemau a wynebai'r mwynwyr wrth geisio cael eu cynnyrch i lawr y llechweddau serth. Cymerodd y blynyddoedd o obaith a siom ar yn ail eu hargraff ar Searell, a dyma ddywed mewn llythyr at Mckeller yn 1862:

> *The copper at Braich yr Oen is improving, think I have better keep the men at it this week. I should like to get Captain Julian to see both the Lead lode and Braich yr Oen before I do much more, as I have no confidence in my own judgement in mining, I really do not understand it, for it rarely ever turns out the way I expected.*

Cyfaddefiad dadlennol!

Gadawn y breuddwydion coll ac ymlaen â ni ychydig gamau at adfeilion Plas Cwm Llan, cartref rheolwr chwareli llechi South

Snowdon a chwaraele'r *commandos* adeg y Rhyfel. Edrycha'r ychydig goed bythwyrdd yn unig iawn yma ynghanol y moelni. Mae'r ffens lechi'n dal ar ei thraed, beth bynnag am y tŷ.

Nid oes fawr mwy o ddringo o'n blaenau, rydym yn y cwm go iawn bellach, a'r llwybr yn llawer mwy gwastad. Mae ôl y rhew yn amlwg ar y creigiau, y sgri'n drawiadol ar y dde, a thywyllwch y Lliwedd uwchben, gyda'r afon yn llifo heibio'r pant a phonciau ar y chwith. Sylwch ar y cloddiau cerrig yn cyrraedd at odre'r clogwyni.

Daeth un o brif-weinidogion amlycaf ei oes yma unwaith fel y tystia'r plât ar y graig ar y chwith. Edrydd fel yr anerchodd W.E. Gladstone y dyrfa am iawnder i Gymru ar Fedi 13, 1892, fel y bu canu emynau a diweddu â Hen Wlad fy Nhadau. Gwyddai'r gwleidydd praff sut i daflu llwch i'n llygaid. Ganrif yn ddiweddarach nid oes gobaith cael iawnder i Gymru gan Senedd estron, fel y tystia diymadferthedd y Ddeddf Iaith.

Cewch olwg dda yn ôl ar grib ddanheddog y Lliwedd cyn dod i olwg tomenydd llechi chwarel South Snowdon. Fe'i gweithwyd gan gwmni o Lundain rhwng 1840 ac 1880, ond mae'n debyg nad oedd y cerrig o ansawdd dda, a'r trafferthion yn amlwg i'w cludo i lawr i Nant Gwynant ac yna ar wagenni a dynnid gan geffylau i Borthmadog. Cymerwch y fforch i'r chwith i fynd yr ochr isaf i'r adfeilion a'r tomenydd. Beth am aros wrth y barics am baned? Disgynnodd y niwl arnom eto, daeth lleisiau trwyddo ac ymddangosodd tri o gerddwyr i lawr yr inclên. Tu cefn i ni mae marian Cwm Tregalan lle'r arllwysodd y rhewlif ei lwyth wrth feirioli, a thu hwnt y clogwyni dan gopa'r Wyddfa. Gallech ddringo o'r chwarel i fyny ochr Cwm Tregalan at Fwlch Ciliau, ar draws at Fwlch y Saethau ac ymlaen i'r copa.

Dywed un stori i'r brenin Arthur gael ei ladd ar Fwlch y Saethau, rywle rhwng Tregalan a Chwm Dyli. Claddwyd ef yno, a gwelid Carnedd Arthur yno erstalwm. Wedi marwolaeth eu brenin dringodd y milwyr ar grib Lliwedd ac yna i lawr at ogof ar y clogwyn serth uwchben Llyn Llydaw. Yno, yn Ogof Llanciau Eryri, y cysga'r milwyr yn barod am yr alwad i ail-orseddu Arthur yn frenin Prydain. Un tro, fel y casglai'r bugeiliaid eu praidd ar y

Lliwedd disgynnodd un ddafad ar silff wrth geg yr ogof. Pan aeth un ohonynt yno gwelodd yr ogof, ac wedi craffu gwelodd y fyddin arfog. Ceisiodd fynd i mewn ond tarawodd ei ben yn erbyn cloch a atseiniodd drwy'r ogof gan ddeffro'r milwyr. Dychrynodd y bugail druan a ffodd am ei hoedl. Ni feiddiodd neb fynd yn agos at Ogof Llanciau Eryri byth wedyn.

Welwch chi'r clytiau llechi ar eu pennau yn y tir mawnoglyd, yn union fel mynwent? Fe ddechreuodd rhywun ar y gêm yna flynyddoedd yn ôl bellach, a rhywrai'n ychwanegu atynt o bryd i'w gilydd. Beddau'r tylwyth teg?

Awn yn ein holau ar lwybr yr hen ffordd haearn a chawn olwg well ar glogwyni'r Lliwedd ymhellach oddi wrthynt. Sylwch ar y graig myllt yn gorwedd yn herfeiddiol ar lawr y cwm. Mae moelni'r cwm yn taro'r llygaid, ond cofiwch, ymyriad dyn a phori defaid yn bennaf sy'n gyfrifol am hyn. Ganrifoedd yn ôl byddai'r goedwig naturiol yn ymestyn yn uwch, a rhagorach amrywiaeth o is-dyfiant ym mhobman. Y defaid sy'n gyfrifol, a'r gwartheg cyn hynny, mai'r gweiriau yw'r planhigion pennaf heddiw. Mae yna eraill, ysywaeth, ond i chwi chwilio; rhedynnau yn cynnwys gwallt y forwyn a rhedyn y persli, grug ar y creigiau, crwbfwsogl mawr, tormaen serennog, merywen fynyddig.

Gyferbyn â'r gwaith copr trowch i lawr y grisiau cerrig, dyma'r '*stone-block tramroad*' y cyfeirwyd ati eisoes, a daw â chi'n ôl at y gwaith copr. Sylwch ar gochni'r pridd yma yn y gwaelod ger y lefel o ble difera'r dŵr yn barhaus. Dychmygwch amodau gwaith y mwynwyr.

Mae dewis o ffyrdd yn ôl, un ai yr un llwybr neu groesi at yr adfeilion, a dilyn llwybr garw wrth ochr yr afon ac yna groesi pont droed ac yn ôl i'r prif lwybr.

Dyna i chwi Gwm Llan, lle bu'r rhewlif, lle bu dynion fel morgrug yn turio i'r clogwyni, lle gwelwch eraill heddiw fel morgrug ar y llwybrau a'r cribau, lle'r erys y tylwyth teg yn y cilfachau, a lle bu Arthur, efallai; lle braf i oedi.

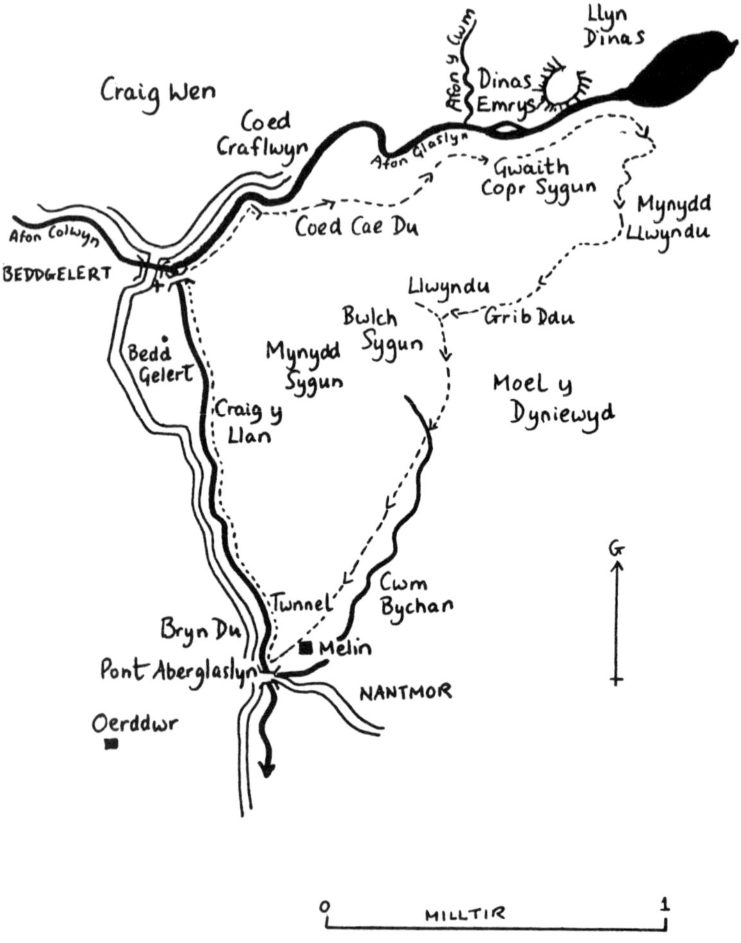
Llyn Dinas
Afon y Cwm
Dinas Emrys
Craig Wen
Coed Craflwyn
Afon Glaslyn
Gwaith Copr Sygun
Mynydd Llwyndu
Afon Colwyn
Coed Cae Du
BEDDGELERT
Llwyndu
Bwlch Sygun
Grib Ddu
Bedd Gelert
Mynydd Sygun
Moel y Dyniewyd
Craig y Llan
G
Cwm Bychan
Twnnel
Bryn Du
Melin
Pont Aberglaslyn
NANTMOR
Oerddwr
0
MILLTIR
1

5. Cwm Bychan a Beddgelert

Hyd: 9k/5.5m
Dringo: 200m/620'
Amser: 3 awr
Ansawdd: Llwybrau hawdd eu dilyn, peth dringo, rhai mannau allai fod yn wlyb. Wedi eu harwyddo.

Man cychwyn: SH 588481
Maes Parcio Beddgelert

Awn i Feddgelert i gychwyn ein taith, pentref a ddatblygodd oherwydd ei safle arbennig — agorwyd mwynfeydd copr yn y bryniau o gwmpas, ond yn bennaf mae'n debyg oherwydd dylanwad a thwf twristiaeth. Mae'n bentref taclus, mewn safle deniadol, pantle gwastad lle cyferfydd afonydd Colwyn a Glaslyn. Rhed tair ffordd oddi yma, un i lawr am Aberglaslyn â'r môr, un arall i fyny dyffryn y Glaslyn drwy Nant Gwynant a'r llall i fyny dyffryn y Colwyn am Ryd-ddu. Mae'r adeiladau hynaf o gerrig llwyd tywyll yn drawiadol, gyda rhai'n ganrifoedd oed, fel Bwthyn Llywelyn wrth y bont sy'n eiddo i'r Ymddiriedolaeth Genedlaethol. Rhaid canmol hefyd ymdrechion y trigolion i dacluso'r pentref. Un gwahaniaeth mawr a welais i wrth grwydro trwy rai o bentrefi mynyddig Awstria a'r Swisdir oedd eu glendid a'u taclusrwydd o'u cymharu â'r rhan fwyaf o bentrefi Cymru, ond gall Beddgelert gystadlu â hwy yn bendant.

Mae hen hanes i'r pentref ac mae'n werth crwydro o gwmpas un ai ar ddechrau neu ddiwedd eich taith. Prin ddwy ganrif yw oed adeilad presennol Eglwys Fair ond mae rhannau yn dyddio i'r ddeuddegfed ganrif ac y mae'n debyg bod eglwys Geltaidd yma ymhell cyn hynny, wedi ei chysegru i Sant Celert, sy'n egluro enw'r pentref. Byddai Tywysogion Gwynedd yn aros yma, o bosib ar safle Bwthyn Llywelyn heddiw, er mwyn hela yn y coedwigoedd. Daeth yr eglwys yn Briordy i'r urdd Awgwstinaidd ac erys y ffenestr tu ôl i'r allor o'r cyfnod yma, llosgwyd y gweddill yn yr

Peilonau'r gwaith copr — Cwm Bychan

unfed ganrif ar bymtheg. Chwiliwch am y gofeb Ladin i Ifan Llwyd o'r Hafod Lwyfog. Ym mynwent yr eglwys mae beddau teulu Tŷ'r Ysgol, Rhyd-ddu a chofeb i'r bardd a anfarwolodd yr ardal trwy ei gerddi, Syr T.H. Parry-Williams. Fel hyn y canodd am Feddgelert:

> Mynd heibio ambell dro fel pe na bai
> Dim byd a wnelwyf i â daear lawr,

ond erbyn diwedd y soned, fe ddywed

> Oherwydd y mae haenau'r clai a'r gro
> Yn tynnu-atynt fwy a mwy bob tro.
> ('Mynwent Beddgelert', *Synfyfyrion*)

Daeth llawer o'r teithwyr cynnar i Feddgelert a chawn syniad o ddatblygiad y pentref o'u hargraffiadau. Ddechrau'r ganrif ddiwethaf daeth y Parchedig William Bingley heibio, a lle neilltuedig iawn oedd yma bryd hynny, heb fawr o ddarpariaeth ar gyfer teithwyr heblaw am ddwy dafarn fechan, Tŷ Ucha a Tŷ Isa. Bwthyn Llywelyn heddiw oedd Tŷ Isa ac fe ddisodlwyd y Tŷ Ucha gan y Saracen's Head. Arhosodd Bingley yn un ohonynt, a chroniclodd mai dyma un o'r gwestai gwaethaf a welodd yng Nghymru! Go brin bod hynny'n wir am y Royal Goat, Prince Llewelyn neu'r Saracen's Head heddiw.

Wedi hyn o draethu gwell fyddai cychwyn y daith o'r bont droed lle'r una'r afonydd Colwyn a Glaslyn. Difrodwyd yr hen bont gan lifogydd gaeafol yn 1799 pryd y codwyd yr un bresennol. Wedi croesi trowch i'r chwith a dilyn y llwybr hyd lan yr afon, croesi'r ffordd wrth bont arall a thrwy'r giat lle gwelwch arwydd 'Llwybr Afon' gan Barc Cenedlaethol Eryri. Yn syth bin fe welwn y problemau sy'n wynebu wardeiniaid y Parc. Mae'n ardal hynod o brydferth, yn denu cerddwyr fel huddug i botes, a'r llwybrau felly dan straen cyson. Beth a wneir? Codi llwybr diogel fel y canllath gyntaf, gan osod cerrig a llechi mân i greu wyneb sych, gwastad; neu adael i'r llwybr fod yn naturiol fel y gwelwn yn y man gyda rhai cerrig hwylus i gamu arnynt, ond gyda mannau eraill pyllog, mwdlyd a'r pridd mawn yn cael ei erydu'n gyflym? Gwelir y broblem yma eto ar y mynydd.

Cadw ar lawr gwlad y byddwn nes cyrraedd Llyn Dinas, yn agos i'r afon i ddechrau ond yna'n ymbellâu lle ceidw'r ffordd ar dir sychach ar waelod llethrau Mynydd Sygun. Llethrau'r Graig Wen a'r Aran a welwn gyferbyn, yn gymysgedd o liw: gwyrddlesni Coed Craflwyn, llwydni'r creigiau a'r sgri, a gwynder rhaeadrau Afon y Cwm. Croeswn drwy dir stadau Sygun Fawr a Chae Du, lle y plannwyd y rhododendron. Does yr un daith arall o bosib yn gallu dangos prydferthwch a pheryglon y planhigyn yma'n fwy amlwg, gan na fyddwn o'u golwg gydol y daith.

Sylwch ar y ffos sy'n rhedeg heibio talcen yr adfail cyntaf, mae'n debyg bod melin yma ryw dro. Dringwch y gamfa ac i'r ffordd darmac wrth bont arall, lle gwelwch arwydd gwesty Sygun Fawr. Byddwn ar y ffordd yma nes cyrraedd gwaith copr Sygun, a gwyliwch am ambell i gerbyd, gan fod amryw yn aros a gwersylla o gwmpas. Mae lle gwersylla deniadol ar lan yr afon ar dir Cae Du, lle crewyd llyn bach. Braf hefyd yw gweld coed drain ifanc wedi eu plannu i dyfu'n wrych maes o law, tipyn rhagorach na *ffensing* a weiren bigog.

Wrth ddod i olwg y mynydd daw olion y cloddio am gopr i'r

amlwg yn nifer o staeniadau brown-goch ar y sgri a thyllau duon y lefelau. Awn heibio gwersyll Cae Canol a'r Cae Canol Crusader Centre — mae nifer o hen ffermdai bellach yn ganolfannau gweithgareddau awyr agored. Dyna beth oedd ffermio hefyd, yntê. Mae'n braf gweld amrywiaeth o goed heblaw'r rhododendron, a dacw larwydd a'u dail ifanc yn dal yr haul.

A dyma ni wedi cyrraedd safle gwaith copr Sygun sydd bellach yn agored i'r cyhoedd gael profi sut deimlad oedd gweithio dan ddaear. Cliriwyd y drysni i ddangos safleoedd yr amrywiol adeiladau ac olwynion dŵr oedd ynglŷn â'r broses o olchi a malu'r mwyn. Ni fanylaf, rheitiach fyddai i chwi dalu ymweliad â'r safle.

Ymlaen â ni, gan aros i feicwyr mynydd fynd heibio; a dyna broblem arall. Rhwydd i bawb ddilyn ei ddiddordeb ar y mynyddoedd, boed ddringo, cerdded, rhedeg, marchogaeth neu feicio, ond yn sicr dylai beicwyr osgoi rhai llwybrau sy'n agored iawn i erydu. Mae'n well gen i gadw dwy droed ar y ddaear, beth bynnag!

Daw craig Dinas Emrys i'r amlwg yr ochr draw i'r afon, craig galed a wrthsafodd rym y rhewlif, safle ardderchog i godi caer. Gan Nennius y ceir y stori gynharaf, yn y nawfed ganrif. Dywed i Wrtheyrn orfod ffoi am loches i Eryri wedi iddo'n gyntaf geisio cymorth y Sacsoniaid, Hengist a Horsa, ond yna sylweddoli eu bod a'u bryd ar orchfygu'r wlad i gyd. Dewisodd y graig yma, ond ni chafwyd fawr o lwc wrth geisio codi'r gaer, fel y codwyd y muriau yn ystod y dydd fe'u chwelid gefn nos a hynny dro ar ôl tro. Wedi ymgynghori â'i ddewiniaid, aethpwyd ati i chwilio am fachgen na fu iddo dad, gyda'r bwriad o'i ladd a thaenu ei waed ar y sylfeini. Cafwyd hyd i fachgen felly yng Nglywsing, o'r enw Emrys. Pan ddaethpwyd ag ef at y gaer eglurodd yntau na fyddai ei ladd ef yn datrys y dirgelwch. Eglurodd bod dwy ddraig yn ymladd mewn llyn dan y gaer bob nos, un yn goch a'r llall yn wen. Esboniodd Emrys mai ymladd am arglwyddiaeth Prydain yr oeddynt, ac wrth gwrs, y goch fyddai'n drech yn y diwedd. Stori dda i achub eich croen ynte! Cafwyd fod stori'r bachgen yn wir, ac felly y daeth Dinas Emrys i fod.

Sieffre o Fynwy gyflwynodd Myrddin i'r stori gan roddi iddo'r enw Myrddin Emrys yn gyfleus iawn, i ffitio'r stori flaenorol. Dyma'r gwirionedd medd teithiwr arall, Thomas Pennant! . . .

Lleian oedd mam Myrddin Emrys — neu Ambrosius — a'i dad yn bendefig Rhufeinig. Y fam a ddyfeisiodd y chwedl i amddiffyn enw da'r tad, ac felly fe'i ' . . . llyncwyd yn llwyr gan ofergoeledd yr oes honno. Yr oedd Myrddin yn rhifyddwr ac yn seryddwr galluog ac yn dra dysgedig yn ysgolheigdod ei oes . . . ', yn ôl Pennant. Dywed ymhellach fod dwy wal gerrig ar gopa'r bryn ac oddi mewn i weddillion castell — hyn tua 1776. Beth bynnag am y straeon, dengys ymchwil archaeolegol bod caer o ryw fath yma rywdro ar ôl cyfnod y Rhufeiniaid a hefyd olion castell o'r ddeuddegfed ganrif. Byddai'n werth gofyn caniatâd i ddringo i gopa'r bryn a rhoi rhwydd hynt i'r dychymyg.

Daeth diwedd ar droedio'r gwastadeddau am sbel, felly cymerwch hoe bach ar lan Llyn Dinas. Mae'r dringo'n weddol serth o lan y llyn at y bwlch ond yna'n gwastatáu. Bu'n rhaid gwneud cryn waith i sefydlogi'r llwybr yn ddiweddar a cheisio cadw'r cerddwyr ar y llwybr cul. Mae'r miloedd traed yn rhyddhau'r cerrig a'r pridd, a'r glawogydd yn darfod y gwaith. Agorwyd ffosydd lle croesa'r mân ffrydiau i geisio cadw'r llwybr yn syth, codwyd ffens yma ac acw a gosodwyd cerrig sefydlog ar y llwybr. Tipyn o ymdrech. Oedwch cyn mynd o olwg y llyn a'r dyffryn i gael golwg i fyny Nant Gwynant.

> Dyma y dyffryn mwyaf prydferth yn holl Eryri, yn amrywiedig â choedydd, llynoedd, afon, a dolydd, heblaw fod ei amgylchoedd o'r fath mwyaf mawreddog. Gwarchodir ef ar y ddwy ochr gan fynyddau mawrion megis y Grib Ddu, y Lliwedd, yr Aran, y Dduallt a'r Wenallt . . .

(Teithiau yng Nghymru — T. Pennant; cyf. J. Rhys)

Daeth copa'r Wyddfa a'r Lliwedd i'r golwg erbyn hyn.

Derfydd y dringo am sbel, rydym ar y mynydd, Moel y Dyniewyd, ynghanol tir mawn, yn bant a phonciau gyda grug y planhigyn mwyaf cyffredin, peth llus, ychydig redyn, a fawr o borfa i ddefaid. Bydd lliwiau da yma, yn amrywio o dymor i dymor ac amser blodeuo. Rydym wedi ein cau ynghanol y bryniau heb allu gweld ymhell iawn i unrhyw gyfeiriad, heb arwydd o brysurdeb ein dyddiau; Bwlch y Re ar y dde, Mynydd Llyndy a Moel y Dyniewyd i'r chwith. Mwynhewch droedio'r llwybr yn hedd y mynydd, cynefin y grugieir, tinwen y garreg a'r wiber.

Yn y man, rhaid dringo'r Grib Ddu i gyrraedd Bwlch Sygun ac olion y cloddio am gopr yma ac acw. Gwaith Crib Ddu neu Llwyndu oedd yma, yr ochr gyferbyn i'r mynydd i waith Sygun. Gallech ddilyn y llwybr i'r dde wrth y mynegbost dros y bwlch ac i lawr at Sygun. Dyna le braf eto i oedi ac i chwilota am gerrig lliwgar y copr.

I'r chwith yr awn ni nesaf gan ddilyn arwydd Aberglaslyn ac yn fuan egyr golygfa newydd o'n blaenau, a golygfa tra wahanol i'r hyn welodd y mwynwyr cynnar. Deuai'r môr cyn belled â Phont Aberglaslyn a lle gwelwn ni dir heddiw fe welent hwy ddyfroedd y Traeth Mawr a'r Traeth Bach, a phoncen Ynysfor yn y canol yn ynys go iawn.

Ni ddechreuwyd codi llwybr sefydlog yma hyd yn hyn ac o'r herwydd mae ambell i fan gwlyb a llithrig wrth gychwyn i lawr wrth ochr afon Cwm Bychan. Mae nifer o lefelau i'w gweld yn ogystal a'r gêr weindio, rhes o beilonnau gyda dwy olwyn ar bob un, ac olwyn ar ei hochr yn y pen uchaf i gario'r wagenni llawn mwyn i'r felin yng ngwaelod y cwm. Ceir cofnod o weithio copr yng Nghwm Bychan o 1720 ymlaen, gyda'r blynyddoedd gorau rhwng 1782 ac 1902. Ychydig islaw'r peilon isaf mae ceg lefel arall gyda ffrwd waedgoch yn llifo ohoni. Mae'n gysur gweld bod y peilonnau wedi eu trin a'u diogelu fel na ddiflanner olion y prysurdeb a fu.

Dilynwn yr afon i lawr, heibio nifer o fân raeadrau a digon o safleoedd cyfleus i eistedd yn sŵn y dyfroedd, a chael golwg ehangach ar y wlad o'n cwmpas. Mae'r Cnicht a'r Moelwyniaid yn las yn y pellter, creigiau llwydion, ambell glwt du lle llosgwyd y grug, Moel Hebog yn dwmpath anferthol, hir uwchben Penmorfa ac Aberglaslyn. Fe welwch nifer o binwydd unigol, eu tywyllwch yn gyferbyniad i'r llwyd a'r brown yr amser yma o'r flwyddyn. Wrth gongl wal sylwch ar giât bren newydd dros yr afon, i gadw'r anifeiliaid yn eu cynefin.

Yn fuan gadawn dir agored y mynydd a chyrraedd y coed. Buom yma fel teulu droeon yn yr hydref a'r amrywiaeth eang o goed collddail yn rhoi helfa dda o ffrwythau a dail amryliw, yn fes, cnau, castanwydden bêr, criafol a chelyn. Mae olion adeiladau'r felin gopr i'w gweld cyn i ni gyrraedd gwaelod y llwybr a'r llain wastad ger llwybr rheilffordd y 'Welsh Highland'.

Bu llawer o freuddwydio am godi ffordd haearn o Fae Caernarfon i Fae Ceredigion, ond erbyn y cwblhawyd hon yn 1920 roedd hi'n rhy hwyr. Roedd y diwydiant llechi yn edwino; hyd at Dinas, dair milltir yn fyr o Gaernarfon yr âi, ac fe ddaeth y twf mewn trafnidiaeth trwm ar y ffyrdd. Erbyn 1937 mygodd y trên olaf ei ffordd drwy'r golygfeydd gwych. Yn y chwedegau ffurfiwyd cwmni i ailagor y lein ar gyfer cario twristiaid, ond hyd yn hyn dim ond am ychydig bellter o Borthmadog i gyfeiriad Pont Croesor y rhed. Mae trafodaethau ar y gweill gyda Chyngor Sir Gwynedd gyda gobeithion o'i hailagor yr holl ffordd. Tybed? Mi fyddai llwybr cerdded, merlota a beicio yn braf.

Beth bynnag a ddigwydd fe fu llwybr y rheilffordd o fudd i gerddwyr gan fod llwybr gwastad yn ôl i Feddgelert. Cyn cychwyn mi fyddai'n werth i chwi bicio i lawr at Bont Aberglaslyn. Bu cloddio am gopr yma hefyd un adeg, ac y mae'n lle rhagorol i weld yr eogiaid yn llamu yn yr hydref. Fel hyn y gwelodd Thomas Pennant hi —

> Ym mhen ychydig amser y mae y mynyddoedd yn dynesu mor agos at ei gilydd, fel ag i adael ond lle yn unig i'r afon wyllt ymrolio dros ei gwely carregog; uwchlaw hon y mae ffordd gul wedi ei ffurfio trwy lafur anamgyffredadwy uwch ben y dwfr . . . Y mae yr olygfa y fwyaf ardderchog y gellid ei dychmygu. Ymgyfyd y mynyddoedd i uchder aruthrol, a chyferbyn â hi nid oes ond cyfres doredig o glogwyni, y naill uwch ben y llall, mor uchel ag y gall y llygad gyrraedd . . . Y mae y bont yn terfynu y bwlch. Uwchlaw y mae rhaiadr enfawr, lle y gall yr ymdeithydd ar brydiau gael difyrrwch mawr.

A dyma ddywed George Borrow:

> *Truly, the valley . . . is a wondrous valley — rivalling for grandeur and beauty any vale in the Alps or Pyrenees.*

Ar y llethrau gyferbyn â chi llecha ffermdy Oerddwr, lle'r arferai T.H. Parry-Williams bicio'n aml:

> Dacw'r fferm yn amlwg fry, yn rhyfeddod o le
> Ar daen ar lepen y bryn, yn wynebu'r de.
>
> ('Oerddwr', *Ugain o Gerddi*)

Cerddwch drwy'r twnel, profiad gwahanol, ac os dewch allan yn y pen arall mae'r olygfa yn wironeddol drawiadol. Bydd rhai'n mentro mewn canŵ i lawr yr afon; gwell gen i ei hedmygu o hirbell. Mae'r afon yma'n gartref i'r trochwr, sigl-i-gwt a'r creyr. Syrth clogwyni Craig y Llan yn serth at y llwybr a gyferbyn mae llethrau Bryn Du. Gosodwyd y slab o goncrid ar ganol y llwybr yn ystod yr Ail Ryfel Byd, i ddal gwn fel na allai milwyr y gelyn fynd heibio.

Ac o sôn am elynion, bu Owain Glyndŵr o gwmpas, yn chwilio am loches yn Hafod Garegog gyda'i gyfaill, Rhys Goch Eryri. Ond rhoddwyd gwybod i filwyr y brenin Harri II, ac un bore rhuthrodd gwas i'r Hafod i rybuddio Owain a Rhys fod milwyr y brenin yn dynesu. Dihangodd Rhys tua Nanmor ac Owain tuag Aberglaslyn a'r môr. Fodd bynnag, gwelwyd Owain gan y milwyr a lwyddodd i gyrraedd rhyngddo a'r môr. Ei unig obaith oedd troi tua'r mynyddoedd ac felly dringodd Foel Hebog, gyda'r milwyr yn dynn wrth ei sodlau. Cyrhaeddodd odre clogwyn a edrychai'n amhosib ei ddringo heblaw am un hafn dywyll, ac fe grafangodd Owain i fyny. Petrusodd y milwyr o weld anhawster y ddringfa ac aethant o'i chwmpas gan feddwl yn siŵr mai ceisio cyrraedd Cwm Pennant yr ochr arall i'r mynydd oedd Owain; ond er chwilio a chwilio ni welsant mohono. Wedi cyrraedd copa'r hafn fe redodd ar draws y grib ac i mewn i ogof ar ddibyn y Diffwys lle na fedrai neb arall ond gafr gyrraedd. Ceir y cofnod yma yn y llyfrau dringo:

> *Glyndŵr Gully. 250 feet. First ascent Owain Glyndŵr circa 1400.*

Yn y man fe ymleda'r dyffryn ac os am ymweld â bedd Gelert

croeswch y bont haearn ac ymlaen drwy'r borfa. Bydd heidiau o gerddwyr ar y llwybrau y naill ochr i'r afon beth bynnag fo'r tymor.

Cymerodd George Borrow ddiddordeb mawr yn stori Gelert ac adroddodd yr hanes yn fanwl, fel y bu i'r Tywysog Llywelyn ladd ei gi ffyddlon ar gam pan dybiodd iddo ladd ei faban; ond yn hytrach amddiffyn y bychan rhag ymosodiad blaidd wnaeth Gelert. Dyma ran o'r disgrifiad teimladwy:

> *The poor animal was not quite dead, but presently expired, in the act of licking his master's hand. Llywelyn mourned over him as over a brother, buried him with funeral honours in the valley and erected a tomb over him as over a hero. From that time the valley was called Beth Gelert.*

Lledaeniad y chwedl fel hyn roddodd boblogrwydd i'r gred, ond mewn gwirionedd perchennog cynta'r Royal Goat, gŵr busnes praff o'r enw David Pritchard ddyfeisiodd y stori. Ef ac un neu ddau o'i gyfeillion, yn cynnwys clerc y plwyf, a gododd y garreg i nodi man y bedd. Y bwriad wrth reswm oedd denu ymwelwyr a phe gwnai rhywun rywbeth mor llwyddiannus heddiw fe gai fedal aur gan y Bwrdd Croeso!

Mae stori ddifyr arall am David Pritchard. Bu farw heb wneud ei ewyllys ac yn fuan wedi ei angladd clywyd sŵn cerdded o gwmpas y gwesty ganol nos a dechreuodd y gwas weld ysbryd ei hen feistr o gwmpas y stablau a'r bar. Yn fuan, gwelwyd yr ysbryd o gwmpas y pentref mor aml fel bo'r pentrefwyr ofn mynd allan wedi iddi dywyllu. Ond doedd ar un gŵr ddim mymryn o ofn, Hwlyn, hen labrwr ar fferm gwraig David Pritchard. Un noson dywyll gwelodd Hwlyn yr ysbryd, aeth ato, ond ciliodd hwnnw o'i flaen nes iddo aros yng nghyntedd yr eglwys a chyfarch Hwlyn.

'Hwlyn, rwyn falch o'th weld, achos ni allaf orwedd yn esmwyth yn fy medd. Yfory dywed wrth Alis fy ngwraig am godi'r garreg aelwyd yn y bar lle y gwêl ddau gant o sofrenni aur. Dywed wrthi am roi dwy ohonynt i ti.'

Gwnaeth Hwlyn fel y dywedodd, cafodd ef ac Alys y trysor, ac ni chlywyd sôn am yr ysbryd wedyn.

A dyma ni'n ôl ym Meddgelert. Mae digon o ddewis o siopau

cofroddion, caffi am baned neu dafarnau os am lymaid cryfach. Os yw'n dywydd poeth beth am ymuno â'r criw fydd yn siŵr o fod wrth y bont yn golchi eu traed yn nyfroedd oer yr afon. Os mai'r gaeaf yw hi, yna tanllwyth o dân, peint o gwrw a phryd o fwyd cynnes amdani a chyfle i fyfyrfio am a welwyd ac ymfalchïo ein bod yn gallu cerdded y bryniau, am ryw hyd.

> Pan ddêl blynyddoedd crablyd canol oed
> Yn slei a distaw bach i fyny'r glyn . . .
>
> Gwae fi o'm tynged, oni ddringaf i
> I ben y clogwyn draw a dodi llef
> Yn erbyn yr ysbeilwyr.
> (T.H. Parry Williams)

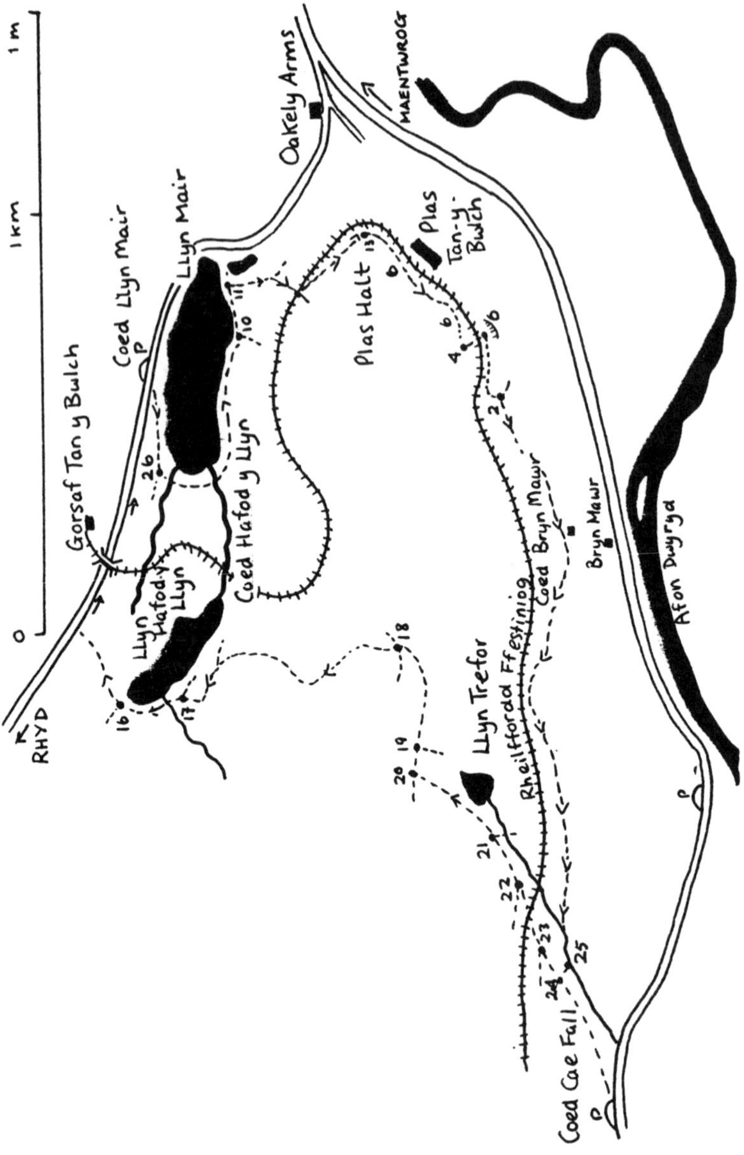
0
1km
1 m
Gorsaf Tan y Bwlch
Coed Llyn Mair
Llyn Mair
Oakely Arms
MAENTWROG
Plas Tan-y-Bwlch
Plas Halt
Coed Hafod y Llyn
Llyn Hafod-y-Llyn
RHYD
Llyn Trefor
Rheilffordd Ffestiniog
Coed Bryn Mawr
Bryn Mawr
Afon Dwyryd
Coed Cae Fali

6. Dyffryn Maentwrog

Hyd: 7.5k/5m
Dringo: 100m/320'
Amser: 3 awr efo cinio
Ansawdd: llwybrau eitha hawdd, ychydig o ddringo. Mynegbyst wedi eu rhifo.

Man cychwyn: SH 636403
Maes parcio Coed Cae Fali

Dowch i gael cip ar ddyffryn Maentwrog, dyffryn afon Dwyryd, dyffryn coediog ei lethrau, ac i weld ymdrechion dyn i newid cynefinoedd, ceisio dofi'r tir ac adfer yr hyn a gollwyd. Taith drwy goedwigoedd fydd hon, yn gymysgedd o goed collddail a chonwydd.

Fe gychwynnwn o faes parcio Coed Cae Fali gan fynd trwy'r giât lydan yn y pen agosaf i Faentwrog. Mae'r llwybr yn llydan i ddechrau, gyda dringfa eitha serth cyn i'r cyhyrau gael cyfle i ystwytho. Eiddo'r Ymddiriedolaeth Genedlaethol ers 1984 yw Coed Cae Fali, sy'n rhan o hen goedwig frodorol Dyffryn Maentwrog. Dechreuwyd sefydlu tyddynnod bychain yma tua mil o flynyddoedd yn ôl gan glirio llennyrch i gael porfa. Diflannodd y llennyrch dan goed pîn i raddau helaeth ond erys gweddillion y cloddiau cerrig. Plannwyd deri yma pan oedd galw mawr am goed gan adeiladwyr llongau ar y glannau.

Fe welwch bod cymysgedd o goed collddail a phinwydd ar ddechrau'r daith, fydd yn nodweddiadol o'r daith ar ei hyd. Plannwyd nifer o gonwydd a ffawydd yma'n ddiweddar gan obeithio drwy hynny adfer amrywiaeth y bywyd gwyllt. Mae'n brynhawn braf ganol Ebrill a'r coed yn deilio. Dacw sguthanod a brain yn codi'n swnllyd wrth i mi ddringo a sathru brigyn crin. Yn y man down at lecyn agored lle cafodd amrywiaeth o is-dyfiant ddigon o oleuni i ffynnu, yn cynnwys mieri, bysedd y cŵn,

Dyffryn Maentwrog

helyglys, rhedyn, ac ambell i goeden bydredig yn rhoi hafan i'r pryfetach.

Dyma'r cyntaf o'r pyst cyfeirio, rhif 24; cymerwch y fforch chwith ar i fyny ac yn 23 yn syth ymlaen a chroesi Rheilffordd Ffestiniog. Bu raid i mi aros i 'Linda' basio, yn cario ei llwyth tua'r Blaenau, roeddwn wedi ei gweld yn codi stêm yn stesion Porthmadog yn gynharach. Agorwyd y ffordd haearn yn 1836 rhwng chwareli Blaenau Ffestiniog a'r cei ym Mhorthmadog. Rhedai'r wagenni llawn llechi i lawr o'r chwareli dan rym disgyrchiant ac yna fe dynnai ceffylau'r wagenni gweigion yn ôl i fyny. Aeth chwarter canrif heibio cyn i'r injan stêm gyntaf gyrraedd yn 1863 a dechreuwyd adeiladu'r trenau yn Boston Lodge ym mhen y Cob o 1879 ymlaen. Bu degawdau o brysurdeb, ond yna daeth y ddau Ryfel Byd a dirywiad yn y diwydiant llechi ac fe gaewyd y lein yn 1946. Erbyn diwedd y pumdegau gwawriodd pennod arall yn hanes y ffordd haearn pan agorwyd hi i gario ymwelwyr cyn belled â Than-y-bwlch a maes o law i Flaenau Ffestiniog. Bellach mae'n un o atyniadau twristiaeth amlycaf yr ardal.

Mae'r llwybr yn culhau yn y man, gyda mwy o goed collddail a gwell amrywiaeth o is-dyfiant o'r herwydd, gyda nifer o goed ifanc a llwyni llus. Awn drwy adwy yn un o'r hen gloddiau cerrig ac at bostyn 22 gan gadw i'r dde ar i fyny, lle lleda'r llwybr eto drwy goed llarwydd â'u dail ifanc o'r gwyrdd goleuaf. Rhed y llwybr i fyny dyffryn bychan lle treigla ffrwd i lawr o Lyn Trefor. Gwelir olion clirio y *rhododendron ponticum* yma, sy'n bla prydferth mewn sawl llecyn ar ein taith. Syth ymlaen yn rhif 21, gydag amrywiaeth o goed collddail a phinwydd eto. Dacw fara'r gog yn sugno maeth o'r mwsogl wrth fôn y coed, ac amrywiaeth eang o gen yn tystio i lendid yr awyr. Oedwch am sbel yng nghysgod y coed pan ddowch i olwg Llyn Trefor. Mae'n lecyn tawel a hawdd agosáu heb amlygu'ch hunain i rai o adar y dyfroedd, ac yn wir, dacw hwyaid yn codi'n stwrllyd ar y gair. A dacw löyn byw y peunog yn oedi ac agor ei adenydd i dderbyn gwres yr haul, y cyntaf i mi ei weld eleni. Fyddwch chi'n edrych ymlaen i weld hen ffrindiau eto gyda threigl y tymhorau? Dyma fi wedi croesawu bara'r gog a'r peunog am y tro cyntaf eleni ymhen hanner awr o gerdded. Ddô'n nhw ddim ataf fi.

Tu draw i'r llyn mae olion clirio'r rhododendron eto a phlannu coed; mae'n orchwyl ddiderfyn i adfer a gwarchod cynefinoedd unwaith y bydd dyn wedi torri'r cylch bregus. Trowch i'r dde ar lwybr llydan y Comisiwn Coedwigaeth ac yna ymhen rhyw hanner can llath i'r chwith yn rhîf 19 ar lwybr cul a'n harweinia i gysgodion y coed, gydag ambell lannerch heulog. Mae'r amrywiaeth o fewn dim o dro yn ddiddorol, coed cnotiog yn y llennyrch, clawdd cerrig yn gwisgo gwallt y forwyn, *polypody'n* ysgwyd ar ganghennau'r deri, tywyllwch swrth y coed pinwydd. Syth ymlaen ar y gwastad yn 18 gan droedio o amgylch hafn nant fechan. Cewch gip ar Lyn Mair yn disgleirio yn y gwaelodion drwy ganghennau Coed Hafod y Llyn pan dry'r llwybr i'r dde ym mhen pellaf yr hafn. Mae'r rhododendron yn tagu'r llus a'r grug; am ba hyd y bydd digonedd o flodau ar y llus? Dechreua'r llwybr droelli ar i lawr yn o fuan, dilynwch y tro siarp cyntaf i'r chwith gan gadw yn gyfochrog â llwybr y Comisiwn Coedwigaeth uwchben Llyn Hafod y Llyn. Croeswch y ffrwd yn ofalus, mae'n fwy o hwyl mynd y ffordd yma trwy'r mawn sugnog yn tydi. Yn 17 trowch i'r dde am ugain llath ac yna i'r chwith ar y llwybr carregog wrth ochr y llyn. Rydym allan yng ngolau'r haul am sbel rŵan. Y Moelwyn Bach sydd tu cefn i'r llyn, a'r Garnedd uwchben Llyn Mair, y ddau'n dapestri o liwiau. Prysura ffrydiau swnllyd tua'r llyn, gorchudd gwyrdd o fwsog o boptu un, un arall yn llifo'n oer dros graig noeth, a'r ochr arall i'r llwybr rhyngom â'r llyn mae'r coed yn llenwi â thyfiant y gwanwyn.

Saif mainc hwylus wrth ben pella'r llyn, (16) llecyn cyfleus am baned. Welais i'r un enaid byw ers cychwyn ar fy nhaith; braf iawn, mae pawb ohonom angen bod ar wahân bob hyn a hyn. Cnoi'r *muesli bar* a sipian coffi poeth ac ymlacio. Sŵn dŵr yn rhaeadru, telori'r adar mân, suo ambell wenynen, arogl melys blodau'r eithin, crawcian brain, siffrwd y gwynt drwy'r dail pîn a thonnau mân y llyn yn cael effaith hypnotig bron.

Gwell i ni ailgychwyn, gan anelu am ffordd y Rhyd. Sylwch pa mor wlyb yw'r tir lle plannwyd y coed ar y dde a'r ffosydd yn llawn merddwr tywyll — i'r dde yn y ffordd a than bont y rheilffordd, gyda'r arysgrif Boston Lodge 1854 arni, heibio'r ffordd am stesion

Tan-y-bwlch ac i lawr yr allt at Lyn Mair a safle parcio a phicnic. I'r chwith mae llwybrau Coed Llyn Mair, a byddai'n werth eu troedio rywbryd eto. Drwy'r giat at y safle picnic ar lan y llyn yr awn ni, ond nid oedwn heddiw, mae yma heidiau o ymwelwyr o'r dinasoedd a gwylanod o lan y môr, yr un mor swnllyd â'i gilydd, a ji-binc hy yn begera am grystyn. Cronnwyd afon Llyn Hafod y Llyn i ffurfio Llyn Mair er mwyn troi melinau coed y stâd. Awn o gwmpas y llyn, ar lwybr cymharol newydd gyda llechi mân ar ei wyneb. Mae yma nifer o goed ifanc, yn ffawydd, bedw a chriafol yn dechrau deilio, ac, yn anffodus, olion fandaleiddio sy'n rhy gyffredin erbyn heddiw. Mae torri coeden ifanc yn ei hanner cyn waethed â hela a saethu creaduriaid am hwyl, os galwch chi'r ffasiwn beth yn hwyl.

Dros y gamfa i Goed Llyn y Garnedd a'r arwydd '*Economic Forestry Group*' yn ein hysbysu mai coedwig breifat yw hon. Lluniwyd cynefin bach atyniadol trwy greu pwll bychan, codi pont gerrig a chlirio'r rhododendron lle llifa'r afon i mewn i Lyn Mair ac fe blannwyd amrywiaeth o goed collddail ar y llethr. Rheola'r E.F.G. dros 2500 erw yn Nyffryn Maentwrog. Mae'r fainc a basiwn ar lan y llyn yn le delfrydol i wylio'r adar. Awn yn syth yn ein blaenau yn 10, heibio coed ifanc eto, heibio mainc arall at 11 a chymryd y fforch nesaf i'r dde i fyny'r grisiau cerrig. Mae'r gwaelodion yma'n lle braf tu hwnt, gyda nifer o ffawydd urddasol a phinwydd uchel, hen goed wedi cael llonydd i ledu eu breichiau ac ymestyn fry. Mae dringfa bach serth o'n blaenau nes croesi'r rheilffordd ac yna i'r chwith yn gyfochrog â'r lein, heibio Plas Halt ac ymlaen at olygfan ar lwybr eitha gwastad.

Oedwch yn yr olygfan i gael golwg fanwl ar Ddyffryn Maentwrog.

> Onid têr yw Maentwrog — lliwdeg,
> Llydan, ddyffryn enwog:
> Y Ddwyryd a'i gwedd wyrog
> Rheda'n glaer o dan ei glôg.
>
> (T. Herbert Hughes)

Y rhewlif o'r Moelwyniaid fu'n gyfrifol am ysgithro ffurf y dyffryn gan adael i'r Ddwyryd ymdroelli yn hamddenol hyd y llawr gwastad. Gorwedda pentref Maentwrog y tu draw gyda'i bont tri bwa, eglwys Twrog a'r tai cerrig llwydion. Tu hwnt, cwyd y bryniau; Manod Mawr a Bach, Diffwys, Moel Ysgyfarnogod, a phentref Llan Ffestiniog. Tu draw i'r bryniau llecha'r anghenfil concrid a dur, Gorsaf Niwclear Trawsfynydd. Beth petai damwain o natur Chernobyl yno? Fyddai'r un enaid byw i'w weld yng nghoed Maentwrog am genedlaethau wedyn. Mae'n bryd estyn yr ysbienddrych i chwilio ymysg y canghennau — dacw'r titw mawr, telor y cnau a'r robin goch ar y gair.

Ymlaen â ni nes cyrraedd uwchben Plas Tan-y-bwlch. Teulu'r Oakeley's oedd ei berchnogion yn nyddiau lewyrchus y diwydiant llechi, ond bellach mae'n eiddo i Barc Cenedlaethol Eryri ac yn ganolfan astudiaethau'r amgylchedd. Fel gydag amryw o blasau eraill, rhyw ganrif yn ôl y crewyd y gerddi crand yma gan blannu coed a llwyni o bob rhan o'r byd. Mae'n debyg i rai ddod yn ôl ar y llongau a gariai lechi Ffestiniog i bedwar ban y byd. Golygfa drawiadol pan fydd y rhododendron yn eu blodau, ond wrth reswm, ni ellir cyfyngu hadau tu mewn i gloddiau terfyn stâd, beth bynnag am gadw'r potsiars allan; prydferth ond peryglus.

> Hwndrwd, a'i rododendron
> Yn wawch o liw uwch y Lôn.
>
> (Gwilym R. Jones)

A dacw nhw heddiw yn goch a gwyn gyda gwyrdd tywyll y pinwydd yn gefndir trawiadol. Mae yna adeilad sylweddol arall yn ochr draw i'r afon sy'n debyg i blasdy ar yr olwg gyntaf, cyn i chwi weld y beipen ddŵr yn nadreddu ato — gwaith dŵr Maentwrog. Sut le oedd yma ddwy ganrif yn ôl? Dyma un disgrifiad:

> Gorwedda y lle yn nyffryn Tanybwlch, rhandir cul, ond prydferth oddeutu tair neu bedair milltir o hyd, yn cael ei rannu gan afon fechan y Ddwyryd, yr hon a ffurfir gan y Cynfael a ffrwd arall y rhai a ymunant tua'r pen uchaf. Cymwysa y dyffryn ddolydd breision, ei ochrau wedi eu hymylu â llwyni; a therfynir y lle tlws yma gan

fynyddoedd clogwynog, megis pe byddai rhwng dau glawr afrywiog. Yma y mae gwesty bychan prydferth, er lletya teithwyr . . .

Uwchlaw iddo y mae tŷ, wedi ei fynwesu mewn coed, ac yn sefyll mewn lle prydferth ar ochr y bryn . . .

Y mae yr afon, oddeutu y fan yma, yn ymledu fel ag i ddyfod yn lle rhagorol at bysgota gleisiaid; ac ymhen ychydig y mae yn myned i fraich o'r môr a elwir y Traeth Bach.

(*Teithiau yng Nghymru* — Thomas Pennant,
cyf. John Rhys)

Cyn dyddiau Maddocks a'i gob!

Ymlaen â ni at olygfan arall. Wrth dro yn y llwybr chwiliwch am dderwen a rhododendron yn tyfu o gainc ynddi, prawf o wytnwch y pla yma. Seibiant arall i eistedd ar y graig, Coed Camlyn gyferbyn, y caeau gwastad, a sŵn y drafnidiaeth oddi tanom yn rhuo ar frys gwyllt i rywle. Trown i lawr i'r chwith yn 4 a chroesi'r lein eto at 3. Camwch oddi ar y llwybr at y graig ac fe gewch olygfa dda i lawr y dyffryn at aber yr afon Dwyryd a'r Traeth Bychan. Yna i'r dde i lawr llwybr a atgyweirwyd yn ddiweddar, ac yn 2 yn syth ymlaen ar lwybr llai amlwg, gyda thrwch o ddail deri dan droed. Heibio llethr creigiog a'r rhododendron wedi ei glirio, ond fe gymer dymhorau eto i'r is-dyfiant ailsefydlu. Mae yna awyrgylch arbennig i mi yn y rhan yma; hen goed cnotiog, creigiau llwydion, cloddiau cerrig hynafol, mwsog, eiddew a rhedyn yn drwch gan roi mymryn o wyrdd i'r llwydni. Mae golwg oesol ar y lle, fel 'ma roedd hi ganrifoedd yn ôl debyg gen i.

Awn heibio ysgubor Bryn Mawr a dwy *sequoia* anferth eto cyn gorfod gwasgu rhwng crafangau'r rhododendron a'r clawdd cerrig fel pe'n ymlafnio trwy jyngl drofannol. Down i olwg y rheilffordd eto, ymlaen trwy goed cyll, ac yna yn ôl i'r conwydd a'r llwybr yn goch dan draed. Roedd clwstwr o friallu wedi agor yma pan fum heibio ddiwethaf ar y 6ed o Chwefror. Wedi nesu at y lein eto awn ar i waered, croesi'r ffrwd ac yn 25 i'r dde ac i fyny a'r coesau'n flinedig bellach. Ond na hidier, down at y llwybr y cychwynasom arno ac ymhen rhyw chwarter milltir byddwn yn ôl yn y maes parcio.

Gwelais dri llyn, coed dirifedi, rhai o flodau'r gwanwyn wedi ymagor, clywais lawer mwy o adar nag a welais, a deuthum yn ymwybodol unwaith eto nad oes nemor ddim cynefinoedd gwyllt, perffaith naturiol ar ôl. Mae ôl dyn ym mhob man, wedi clirio coed a sefydlu porfeydd ganrifoedd yn ôl, wedi mewnfudo planhigion tramor, wedi plannu coedwigoedd unffurf, wedi agor rheilffordd, wedi hawlio darn o dir a'i alw'n stâd.

Ond allwn ni berchnogi'r ddaear?

Hyn a wyddom,
    ni pherthyn y ddaear i ddyn,
    dyn a berthyn i'r ddaear.
Hyn a wyddom,
    mae pob peth yn rhan o'r we,
    fel y gwaed sy'n clymu teulu,
    dolen o gadwyn gron yw'r cyfan.
    Nid dyn fu'n gweu gwe bywyd,
    edefyn yn unig ynddi ydyw.
Hyn a wyddom,
    pa beth bynnag a wna i'r we
    fe'i gwna iddo'i hun.

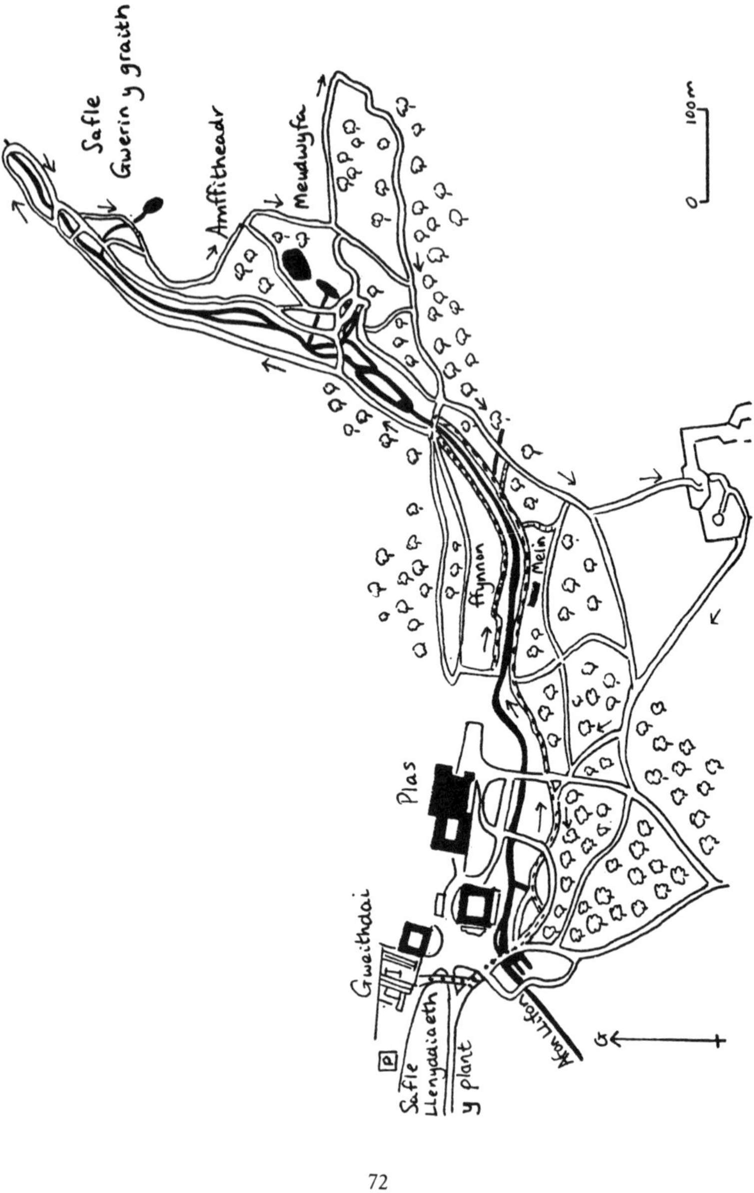
Safle
Gwerin y graith
Amffitheadr
Meudwyfa
Ffynnon
Melin
Plas
Gweithdai
Safle
Llenyddiaeth
y plant
Afon Llifon
G
0
100m

7. Parc Glynllifon

Hyd: 2.5 milltir
Dringo: Fawr ddim
Amser: 1.5 awr
Ansawdd: Llwybrau sych, hawdd eu dilyn, wedi eu harwyddo;
pamffled ar gael, a map.

Man cychwyn: SH 454554
Maes parcio Parc Glynllifon

Awn am dro drwy dir stâd Glynllifon sydd â hanes hir o gyfnod Cilmyn Droed-ddu, mil o flynyddoedd yn ôl, hyd ddyddiau'r Arglwyddi Niwbwrch. Canrif a hanner yw oedran y plasdy presennol ysywaeth, gan y difethwyd yr hen blas gan dân difaol yn 1836. Bryd hynny hefyd y codwyd y wal amgylchynnol i gadw'r werin bobl rhag sangu eiddo'r uchelwyr. Tu fewn i'r muriau hyn bu gweithwyr y stâd yn ddiwyd yn creu cynefinoedd drwy gynllunio gerddi, plannu coed brodorol a dieithr, a chodi adeiladau a chreu rhwydwaith o ffosydd i reoli'r dyfroedd. Creu cynefinoedd artiffisial felly, ond rhai a ymdoddodd yn naturiol i'r amgylchedd dros dreigl y tymhorau.

Dirywiodd y plas a'r gerddi yn ystod yr hanner canrif ddiwethaf fel sawl stâd gyffelyb, ac fe symudodd yr Arglwydd Niwbwrch a'i deulu oddi yma yn 1948.

> Lle bu gardd lle bu harddwch
> Gwelaf lain â'i drain yn drwch
> ('Rhos Helyg' — B.T. Hopkins)

Daeth tro ar fyd pan sefydlwyd Coleg Amaethyddol yma yn 1954, a dechreuwyd cynnal cyrsiau preswyl i blant ysgolion cynradd Gwynedd. Dyma ddechrau agor y fflodiart i'r cyhoedd gael mynediad i dir fu'n waharddedig cyhyd. Cyngor Sir Gwynedd yw perchennog y stâd bellach a rhyw ddeng mlynedd yn ôl penderfynwyd ailagor y llwybrau, adnewyddu'r nodweddion coll o grafanc y jyngl o dyfiant a'u hagor i'r cyhoedd.

Plas Glynllifon

Wrth gychwyn o'r maes parcio fe welwch fryncyn crwn a chylch o lechi ar y dde, y Mynydd Bach a Phant y Gair.

Yn 1989 dechreuwyd ar gynllun uchelgeisiol i foli llenorion Gwynedd yn weledol trwy ddirlunio a cherflunio. Y patrwm yn y gorffennol ar dir stadau fu gosod amrywiol nodweddion yma ac acw i greu awyrgylch arbennig a dyma'r patrwm a fabwysiadwyd ar gyfer Glynllifon. Bydd tua dwsin o safleoedd arbennig ar gyfer gwahanol themâu o fewn ein llenyddiaeth ar hyd cylchdaith o ddwy i dair milltir o gwmpas llwybrau'r parc.

Comisiynwyd arbenigwyr, yn benseiri, dylunwyr tirwedd, cerflunwyr a chrefftwyr i ddehongli a chynllunio themâu gan adael i artistiaid eraill greu gweithiau unigol o fewn y thema, efallai i foli un llenor arbennig. Gobaith y Cyngor Sir yw y bydd y cynllun yn denu ymwelwyr yn ogystal â thrigolion Gwynedd, ac y bydd o fudd i ysgolion y sir. Mae tuedd ynom i gredu mai ar gyfer twristiaid y creir datblygiadau o'r fath ond i bobl a phlant yr ardal yn gyntaf a phennaf y dylent fod. Onid yw'r un mor wir parthed ein gwarchodfeydd natur? Cael eu diogelu ar ein cyfer ni y maent, ac nid yn unig er mwyn pleser ymwelwyr.

Penderfynwyd dechrau gyda'r thema 'Llenyddiaeth Plant' er mwyn cwblhau'r gwaith erbyn Eisteddfod yr Urdd, a dyma pryd y deuthum i gymeryd diddordeb personol yn y cynllun. Arbrawf fentrus ond lwyddiannus fu gwahodd plant ysgolion cynradd y cylch i gydweithio gyda'r tirlunwyr ar un rhan, y Mynydd Bach. Stuart Griffiths, o Seland Newydd, fu'n goruchwylio'r gwaith yma, a buan y deuthum i edmygu ei frwdfrydedd a'i gariad at gerrig. Cafodd fy nisgyblion y fraint o lafurio gydag o i godi wal lechi ar ffurf côn i greu ogof, siâp symbolaidd — croth, man geni llenyddiaeth, ac adlewyrchiad o'r cromlechi fu'n britho'n llethrau drwy niwl y canrifoedd. Cawsant hefyd gladdu gwrthrych arwyddocaol o'u plentyndod, yn degan neu hen ffefryn o ddoli, rhwng llechi'r wal, yn destament i'r oesoedd a ddêl. Diddorol oedd sylwi ar ymateb y plant wrth eu gosod yn ofalus yno, ac ambell un braidd yn anfoddog i'w gadael. Cawsant brofiadau gwerthfawr, yn ymarferol ac ysbrydol, wrth gydweithio ar y Mynydd Bach a'i weld yn dod i siâp garreg wrth garreg.

Wedi cwblhau'r ogof claddwyd hi dan domen o bridd a chodwyd llwybr troellog i gyrraedd copa'r bryncyn. Daw cyfle'n fuan i osod cerrig arno gyda geiriau, lluniau neu batrymau arnynt, Wil Cwac Cwac neu Rwdlan neu unrhyw beth sy'n deillio o brofiadau plant wrth ddarllen gwaith llenorion Gwynedd.

Cefais i'r fraint o gyrchu llwyth o lechi o domen y Cilgwyn i'w gosod ar ben y bryn a bu fy mhlant a phlant Delyth Prys, ymgynghorydd llenyddol y cynllun, yn cyflawni'r dasg. Gweithred symbolaidd arall. Bu sawl cenhedlaeth o'm teulu yn chwysu chwartia yng nghrombil Chwarel y Cilgwyn am gnegwarth o gyflog, ac onid gweithwyr y stâd geisiodd godi clawdd i ddwyn Comin y Cilgwyn i feddiant Glynllifon, cyn iddynt gael eu trechu gan ddyfalbarhâd y chwarelwyr yn chwalu'r cerrig bob hwyrnos. Erys hyd heddiw yn rhan o'r comin mwyaf yng Nghymru (gw. 'Moel Tryfan,' M. Vaughan Jones, yn *Cynefin* Rhagfyr 1989). Tro ar y rhod yw'r ffaith mai fy mrawd-yng-nghyfraith, Morgan Parry, oedd rheolwr Parc Glynllifon ar y pryd, ac ef oedd â'r cyfrifoldeb dros y datblygiadau cyffrous yma.

Rhan arall o'r safle yw Pant y Gair, lle codwyd cylch o lechfeini anferth o Chwarel y Penrhyn a gosod grisiau llechi tu fewn gan greu llecyn cysgodol, delfrydol ar gyfer dweud straeon, drama a chân i grŵpiau bychain. Eto gwelodd y plant y cynllun yn datblygu o ymweliad i ymweliad. A ddaw Gwydion yn ôl i weu ei hen straeon?

Mae'r gofeb i O.M. Edwards yn y coed tu cefn i'r Mynydd Bach ar ffurf prism a'r geiriau addas o'i eiddo arno:

'Daeth llond fy nghalon o ddedwyddwch. Yr oedd pob llecyn yng Nghymru yn awr yn brydferth i mi.'

Ewch i mewn i'r dderbynfa i weld yr arddangosfa, lle cewch beth o hanes y stâd, taflenni ar y coed a'r blodau a map i'ch cynorthwyo i gael y mwynhad eithaf o'ch taith. Wrth ddilyn y llwybrau fe grwydrwn o ffurfioldeb gerddi'r Plas drwy goedwigoedd pinwydd a chollddail. Fel mewn sawl Plas arall bu bri ar arboreta, gan blannu coed a llwyni tramor a brodorol yn ystod y bedwaredd ganrif ar bymtheg. Dyma gyfnod y teithiau tramor i chwilio am blanhigion ac erbyn hyn mae hadau amryw ohonynt wedi hedfan ymhell dros waliau'r stadau a sefydlu yn blanhigion cyffredin cefn gwlad. Ni sylweddolwn nad brodorion cynhenid yw amryw ohonynt bellach, cymerasant eu lle mor dda, gan gynnal amrywiaeth o fywyd gwyllt. Ond nid dyna'r gwir ym mhob achos, daeth rhai o'r tramorwyr yn bla, gan ormesu'r brodorion, eu gwthio o'r neilltu a'u tagu. Glywsoch chi'r stori yna o'r blaen? Rhwygwyd ein coed brodorol o'r ddaear hefyd ar gyfer amaethu, ac yna plannwyd y rhengoedd unffurf, unlliw o goed bythwyrdd ddoi ag elw cymharol sydyn i'r tirfeddianwyr yn hytrach na'r coed collddail fel y dderwen sy'n tyfu'n ara deg. Anharddwyd naturioldeb cefn gwlad. Gwelwn hyn oll o fewn y saith milltir o fur a godwyd i gadw'r ffesantod i mewn a'r *peasants* allan. Beth am grwydro glannau'r Llifon i gael golwg?

Gerddi'r Plas a welwn gyntaf, y plasdy ei hun ac afon Llifon o'i flaen, mewn safle gwych. Bydd y coed a'r llwyni o gwmpas yn werth eu gweld ddechrau'r haf pan wisgant eu hysblander blodeuog.

Wedi dod at yr afon tu draw i'r plas gwelwn ochr arall y geiniog. Mae'n rhaid clirio plethwaith o rododendron a llawryf cyn y medrwn weld lli'r afon. Gormod o bwdin dagith gi yn wir. Proses barhaol fydd y clirio gwaetha'r modd, mae'n andros o dasg cael gwared o'r gwreiddiau i gyd.

Byddaf yn crwydro'r llwybrau yma drwy'r flwyddyn a braf yw gweld y newidiadau drwy'r tymhorau. Bydd miloedd o gennin Pedr yn eu gogoniant melyn ddechrau'r gwanwyn, a daw melyn y briallu, gwyn yr eirlys, glas clychau'r gog yn eu tro. Ganol haf bydd yn frwydr i gyrraedd golau'r haul rhwng y rhedyn, blodyn ymenyn, blodyn neidr a bysedd y cŵn. Yn wir roedd bysedd y cŵn talach na mi yno wrth gerdded tua'r ffynnon a'i physgod cerrig yn fythol agor eu cegau am bryfed. Dyma'r olaf o dair a safai yma ar un adeg. Tu draw iddi gwelwch y rhaeadr. Dychmygwch yr olygfa o'r plas gyda'r nos erstalwm a haul hwyr yn ariannu'r lli.

Tyf gwahanol fathau o fambŵ yma; mae'n haws o lawer i'w gadw rhag ymestyn ei ffiniau na rhai o'r dieithriaid eraill.

Sylwch ar y binwydden goch, (*sequoia sempervirens*) wrth ochr y llwybr, sydd bron yn ganrif a hanner oed bellach, ond ifanc iawn ydyw o'i gymharu â rhai o'i frodyr yng Nghaliffornia sy'n nesu at ddwy fil o flynyddoed oed. 'Dyddiau dyn sydd fel glaswelltyn.'

Teimlwch ei rhisgl coch meddal, hafan i ddigonedd o drychfilod. Gwelais rai yng ngerddi Bodnant yn dioddef yn arw gan fod cymaint o ddwylo wedi ei bodio a chymryd stribedau o'r rhisgl.

Bu gwaith aruthrol i glirio'r jyngl o dyfiant dros y blynyddoedd diwethaf i'n galluogi i gerdded y llwybrau a mwynhau'r amrywiaeth o lystyfiant. Plannwyd nifer o goed ar ochr y llwybr yma — coed brodorol i geisio adfer yr hen ogoniant — ac erbyn heddiw maent wedi sefydlu'n gryf; mae yma gastanwydden, derw, cyll, a ffawydd yn prifio'n raddol. Wrth fynd o gwmpas cawn gyfle i fedru cyferbynnu ecosystemau gwahanol ochr yn ochr, coed bythwyrdd a blannwyd ganrif a llai yn ôl, coed llydanddail brodorol ac amrywiaeth eang o redynnau, llwyni a phlanhigion blodeuol yn is-dyfiant. Ni raid i mi ymhelaethu, gan nad llyfr cadair freichiau yw hwn i fod, cewch y pamffledi rydd y manylion am y coed a'r blodau i chwi cyn cychwyn cerdded.

Rhaid i chwi aros i edmygu'r theatr awyr agored, yr amffitheatr, yr ail o'r safleoedd llenyddiaeth i'w gwblhau ar lan yr afon Llifon.

Cloddiwyd llethr naturiol y dyffryn yn risiau a gosodwyd cerrig arnynt. Llifa ffrydiau yn rhaeadrau bychain i lawr y grisiau a cherfiwyd cerrig yma ac acw fel bo'r dŵr, ffynhonnell bywyd, yn cysylltu iaith a cherfluniaeth gyda'r tirlun. Mae'r llwyfan ar ynys fechan lle cwyd rhes o goed yw i ffurfio cadwyn o fwâu. Rhaid i chwi weld y lle drosoch eich hun i amgyffred prydferthwch y llecyn a'i addasrwydd ar gyfer perfformiadau dramatig — cystal ag unrhyw amffitheatr glasurol yng ngwlad Groeg; yr unig beth sy'n eisiau yw tywydd Môr y Canoldir i sicrhau llwyddiant perfformiadau yno. 'Sgwn i beth ddywedai'r diweddar John Gwilym Jones, a fagwyd yng nghysgod y Plas, am y cynllun yma?

Wyddoch chi pwy sydd berchen y geiriau yma a gerfiwyd? Chwiliwch amdanynt:

'A'i unig resymeg sy'n dal dŵr yn y diwedd.'

'Rhodd enbyd yw bywyd i bawb.'

Awn yn ein blaenau heibio coed llarwydd fydd ar eu gorau yn y gwanwyn gyda'u blagur coch a gwyrdd golau'r clystyrau o ddail. Un o'r conifferau collddail yw, ac yn un cyflym ei thyfiant dan amodau ffafriol. Roedd y dringwr bach a'r titw gynffon hir o gwmpas ar f'ymweliad diweddaraf.

Wedi troi yn ôl ym mhen pella'r llwybr a chroesi'r afon fe ddringwn nes dod i lecyn agored lle ceir golygfa bellach, o Gwm Silyn, Mynydd y Cilgwyn, Moeltryfan a draw tua Elidir. Mae'n braf ehangu gorwelion wedi ysbaid go hir rhwng canghennau. Dyma safle Gwerin y Graith, llecyn i foli cyfraniad llenorion ardaloedd y chwareli gan gynnwys y mawrion, Caradog Pritchard, T. Rowland Hughes a Kate Roberts, safle addas yng ngolwg rhai o'r tomenydd llechi.

Ymlaen â ni ac wedi croesi'r bont a cherdded am sbel fach, trowch i'r dde i ymweld â'r llyn bach yng nghanol y coed. Troediwch fel llygoden wrth ddynesu at gynefin llyffantod, madfallod, a'r heliwr glas a'i heglau hir. Medrwn oedi am oesau yma, mae 'na ryw awyrgylch ddigynnwrf, leddfol yma.

Ewch yn ôl at y llwybr, ac ymhen ychydig gamau craffwch i fyny i weld y cerflun ar gangen braff. Cewch ddyfalu beth ydyw. Wedi mynd trwy'r giat, trowch i'r dde i dywyllwch y coed yw, cerrig anferth hynafol yr olwg, a'r adeilad hynod, y feudwyfa yn swatio uwchben yr afon. Arferai'r teulu gerdded yma a chael hoe a sawru'r olygfa draw tua'r Plas; roedd y coed yn ieuengach a theneuach bryd hynny. Fe'i gwnaed yn gapel y cŵn yn ddiweddarach, pryd y cynhelid gwasanaethau yma cyn claddu anifeiliaid anwes y teulu yn y coed gerllaw. Mae darnau o'r cerrig beddau'n gorwedd ar wasgar. O gwmpas, yma, fe welwch dystiolaeth o'r gwaith wnaed i sianelu'r dyfroedd, yn waliau a ffosydd, rhaeadrau a ffrydiau. Y gamp yw rheoli a chadw naturioldeb y lle ynte.

Mae pont fwa gerrig fach yr ochr isaf i'r feudwyfa, ac mae digon o amrywiaeth o bontydd i'w gweld, yn drawstiau coed, haearn addurniedig a bwâu. Bydd y siglen felen i'w gweld yn y pwll oddi tan y feudwyfa.

I gael ymweld â phob man bron, ac i ymestyn eich taith gallwch fynd yn ôl at y giat a mynd o gwmpas y cyrion cyn troi i mewn i'r coed eto a mynd heibio'r ochr uchaf i'r amffitheatr.

Dilynwch y llwybr i'r chwith gan ddod allan i lwybr llydan, a chaeau ar y chwith. Gallech yma bicio i weld Caer Williamsburgh ar y bryncyn, a golygfeydd eang oddi yno. Fe'i hadeiladwyd yn 1761 ar orchymyn yr Arglwydd Niwbwrch cyntaf, ynghyd â Chaer Belan ar lan y Fenai. Sefydlwyd Milisia Sir Gaernarfon ganddo ac yna The Lord Newborough Volunteer Infantry yn 1799, a buont yn chwarae soldiwrs yma yn y gaer. Beth fyddent wedi ei wneud petai Napoleon wedi glanio yn Ninas Dinlle wn i ddim. Beth hefyd fyddai wedi digwydd i unrhyw 'Volunteer' fyddai wedi gwrthod gwirfoddoli i wasanaethu'r meistr tir?

Arweinia'r llwybr chi'n ôl i olwg y Plas ac am y maes parcio. Cyn mynd, galwch i mewn yn y gweithdai lle'r arferai'r crefftwyr ddilyn eu gwahanol orchwylion at ddibenion cynhaliaeth y Plas, y ffermdai perthynol a'r tai yn Llandwrog. Braf yw gweld crefftwyr talentog cyfoes wrth eu gwaith yno heddiw. Cewch gip ar hen ffordd o fyw, ond cewch fywyd heddiw yno hefyd. Gweithid peiriannau'r gweithdai gan injan stêm ac adferwyd honno i'w hen ogoniant yn ddiweddar gan Fred Dibnah, sy'n enwog am y math yma o waith, a'i eofndra yn dringo'r simneiau uchel i'w trwsio.

Dyma i chwi ragflas o'r rhyfeddodau sydd yn aros amdanoch ym Mharc Glynllifon. Mae'n rhyfedd meddwl fy mod yn byw a bod yno ers blynyddoedd bellach, wedi gwirioni ar y lle, tra pan oeddwn blentyn yng Ngharmel, tir gwaharddiedig ydoedd. Dyma ddywed Robert Camlin, un o'r tirlunwyr fu'n gyfrifol am ddatblygu cynllun Llenorion Gwynedd:

'Mae Cynllun Llenorion Gwynedd yn cynnig cyfle i gydblethu barddoniaeth a llenyddiaeth, cerflunwaith a thirwedd mewn ymateb i dir ac iaith sydd, yn fy meddwl i, yn unigryw.'

Beth yw gwerth ein cynefinoedd heb ein hiaith a'n diwylliant?

Mae'n debyg y cymer amser i drwch y boblogaeth leol sylweddoli bod giatiau'r Plas ar agor led y pen bellach.

> Croeso lle bu cerydd.
> Llwybrau lle bu rhwystrau.
> '*Peasants*' lle bu 'pheasants.'

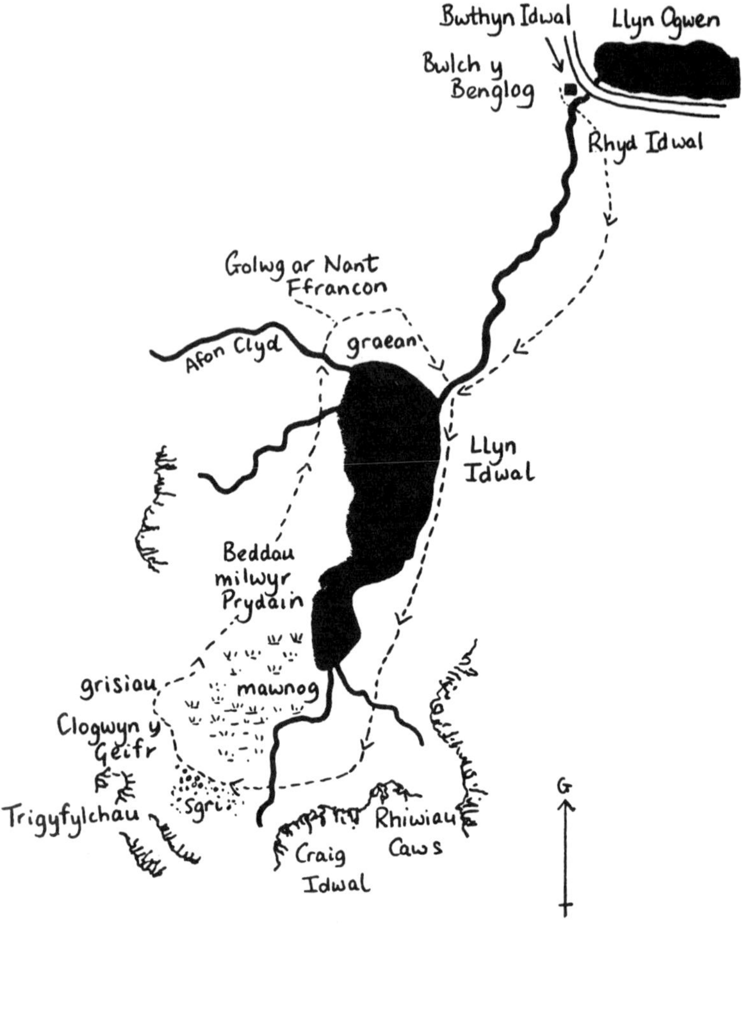
Bwthyn Idwal
Llyn Ogwen
Bwlch y Benglog
Rhyd Idwal
Golwg ar Nant Ffrancon
graean
Afon Clyd
Llyn Idwal
Beddau milwyr Prydain
grisiau
mawnog
Clogwyn y Geifr
Trigyfylchau
Sgri
Rhiwiau Caws
Craig Idwal
G

8. Cwm Idwal

Hyd: 5k/3 milltir
Dringo: 250m/770'
Amser: 2 awr
Ansawdd: Llwybr hawdd ei ddilyn, garw mewn mannau. Map wrth y dechrau.

Man cychwyn: SH 648604
Maes parcio Bwthyn Idwal

Dyma yn sicr un o gymoedd prydferthaf a hynotaf Eryri, sy'n swatio uwchben Llyn Ogwen yng nghwr uchaf Nant Ffrancon.

Chwipiai gwynt Ebrill dros Lyn Ogwen gan godi croen gŵydd ar fy nghoesau wrth i ni gymryd y camau cyntaf tua'r cwm — roedd gen i drowsus hir yn y sach gefn rhag ofn! Buan y daethom i glyw bwrlwm afieithus y mân raeadrau wrth groesi'r bont tu cefn i Fwthyn Ogwen. Roeddem ar lwybr y rhewlif fu'n crafu a rhwygo'i ffordd yn ara deg o Gwm Idwal i foddi ei hun yn y brif rewlif yn Nant Ffrancon.

Oherwydd y cyfoeth sy'n gorwedd yma i'r botanegwyr a'r daearegwyr, ac effeithiau Oes yr Iâ yn bennaf gyfrifol am hynny, sefydlwyd Gwarchodfa Natur gyntaf Cymru yma yn 1954 a'r unigryw Evan Roberts yn warden arni.

A dyma fo'n dechrau ei gyfraniad amhrisiadwy:

> A'r dull nesh i ei fabwysiadu oedd mynd o gwmpas a rhoid rhyw fath o darlithoedd, ac mi ddois i fedru handlo ryw gamra'n o lew, ac wedyn roid o drosodd, dach chi'n gweld . . . Y creigia i gychwyn, a'u hanas, hanas Oesodd y Rhew mawr ac ati hi. Ac wedyn gweithio ymlaen trwadd i be sy' i'w gâl yn tyfu ar y mynyddoedd rŵan yn 'n hoes ni.

(Llyfr Rhedyn ei Daid — Llyr D. Gruffudd, Robin Gwyndaf)

Gwelwch dystiolaeth o nerth y lefiathan wrth gerdded i fyny at geg y cwm, yn bonciau o gerrig, powlenni mawnoglyd rhyngddynt a marian terfynol o gerrig dwad, graean a phridd o'r tu cefn i'r hwn

Cwm Idwal

y crewyd y llyn bas. Tua 10 troedfedd yw ei ddyfnder ar y mwyaf gyda dyfnder sylweddol o waddod y ffrydiau sy'n hyrddio'n bendramwnwgl o'r clogwyni. Craffwch ar y cerrig myllt o'ch cwmpas, yr ochr ucha'n llyfn ac olion plyciadau'r rhew ar yr ochr isaf. Hyd yn hyn bu'r afon yn llamu dros y creigiau geirwon, ond cyn cyrraedd y bont nesaf a ffin y Warchodfa fe welwch bwll tyfn, llonydd yn y mawndir.

Ymegyr golygfa ysblennydd wrth i ni ddod i olwg y llyn, yn goron o gopaon a chribau miniog. Edrychwch yn ôl i gyfeiriad Pen-yr-ole-wen a throwch yn araf yn eich unfan draw at y Tryfan, 'llofrudd o fynydd' chwedl Gwilym R. Jones, heibio dannedd y Gribin at unigeddau'r Glyderau a'r Garn.

Sylwch ar haenau'r graig o gwmpas hafn gysgodol y Twll-du, y gwaelodion gwreiddiol yw'r copaon bellach; dyma ran o synclein yr Wyddfa, effaith plygiadau'r ddaear dan bwysedd anfeidrol bore'r byd. Llecha dau gwm arall, Cneifion a Chlyd, ar bob llaw a chrognentydd hufennog yn plymio ohonynt i Lyn Idwal. Golygfa i syfrdannu rhywun yn wir.

Trowch i'r chwith i gylchynnu'r llyn, mae'r llwybr yn hawdd i'w ddilyn, yn wir, cymaint fu'n heidio yma'n ddiweddar fel y bu'n rhaid ei atgyfnerthu rhag achosi erydiad pellach. Roedd hi'n gynnes braf yma yng nghysgod y gwynt, y llyn yn ddrych clir, yr awyr yn sidanaidd ac esgyrn eira'n fflachio'n y cilfachau. Mae digonedd o dyfiant ar y graig o ynys fechan dafliad carreg i ffwrdd, ond allan o gyrraedd dannedd y defaid a'r geifr. Syllwch dros y llyn ar y pentwr twmpathau hirgrwn, y mariannau ochrol lle chwydodd y rhewlif ei lwyth wrth raddol feirioli. Beddau'r milwyr oeddynt ar goel gwlad, ac yn wir edrychant yr un ffunud â'r beddau o oes y cromlechi. Coel arall yw i Idwal fab Owain Gwynedd gael ei luchio i'w dranc i'r dyfroedd oer.

Cofiwch mai cymharol ddiweddar yw'n gwybodaeth am effeithiau Oes yr Iâ. Wedi gweld rhewlifoedd yr Alpau y sylweddolodd y daearegwyr fod yr union beth wedi digwydd yma yn Eryri. Bellach daeth Cwm Idwal yn gyrchfan i astudwyr rhewlifoedd, ond nid felly i'r daearegwyr cynnar. Bu Darwin ac

Adam Sedgwick yma yn 1831. Dyma ddywed teithiwr mwy diweddar amdanynt:

> *Neither of us saw a trace of the wonderful glacial phenomena all around us. We did not notice the plainly scored rocks, the perched boulders, the lateral and terminal moraines. Yet these phenomena are so conspicious that a house burnt down by fire did not tell its story more plainly than did this valley.*
>
> *(Mountains of Wales* — I.B. Rees)

Cymaint yw'r ymwybyddiaeth o bwysigrwydd Cwm Idwal heddiw fel y rhoddwyd statws Ramsar, statws rhyng-genedlaethol i Lyn Idwal yn ddiweddar i ddynodi hynodrwydd y dyfroedd.

Siawns na welwch frithyll yn cynhyrfu'r dyfroedd wrth hel ei frecwast neu'r creyr yn ei ffansio yntau. Dacw'r sil-y-don yn gwibio'n un haid mewn pwll bas gan ddwyn i gof hel fy nhraed tua Llyn-y-cob ger chwarel y Cilgwyn erstalwm, a'm pot jam ar linyn yn fy llaw yn barod am yr helfa. Byddant yn bwrw grawn ar raean y nentydd tua diwedd Mai i ddechrau Mehefin.

Wrth i'r llwybr esgyn yn raddol cewch olwg ar y pyllau mawn tywyll oddi tanoch ac wrth ben pella'r llyn.

Un o atyniadau'r daith yw'r amrywiaeth o gynefinoedd a welwn a'r gwahanol blanhigion sy'n trigo ynddynt. Down ar draws greigiau calchog a sur, troedfeddi o fawn a chramen denau, garregog yn eu tro. Ar y tir mawn tyf y planhigion sychedig, amrywiaeth o fwsoglau yn cynnwys y migwyn a'r blewfwsogl cyffredin, teulu'r brwyn — y feddal a'r droell gorun, y planhigion awchus am gig — chwys yr haul a thafod y gors, ac fe flodeua pumdalen y gors, tresgl y moch, llafn y bladur a phennau gwynion plu'r gweunydd i fritho'r borfa. Dengys tystiolaeth paill yn y mawn beth fu'r llystyfiant yn y gorffennol ac wrth eu dyddio gellir olrhain y newidiadau dros y canrifoedd. Fel y daeth aml i ormeswr yn ei dro i Brydain, sefydlu a gwthio'r brodorion o'r neilltu, felly hefyd ym myd y planhigion. Diolch am loches y creigiau anghysbell.

Os oes arnoch flys dringo y Rhiwiau Caws efallai y bydd rhaid aros eich tro yn y ciw wrth droed yr wyneb serth. Craig rheioleit *(rhyolite)* sych, galed ydyw, yn glir o dyfiant ac felly'n gymharol ddiogel i'w dringo. Dyma un o gyrchfannau mwyaf poblogaidd dringwyr Eryri, ac fe gwyd hyn broblem i'r cadwriaethwyr; cynnal cydbwysedd rhwng caniatau gwahanol weithgareddau heb amharu'n ormodol ar yr amgylchedd. Diolch i'r drefn, ar y creigiau calchog, meddal a llaith y tyf y planhigion Alpaidd prin ac nid yma o fewn cyrraedd llaw a throed dringwyr di-rif.

Dringo'r llwybr ar letraws dros y sgri i gyfeiriad y Twll Du wnaethom ni, a'r grisiau cerrig yn uchel i goesau byrion. Prinhau wna'r tyfiant gydag un neu ddwy griafolen egwan mor unig â'r dylluan ar y creigiau. Gan bwyll wrth groesi'r rhaeadr a dyma chi yng nghanol y creigiau anferth sydd blith-drafflith ger y Twll Du — Trigyfylchau oedd yr hen enw, a'r Llwybr Carw sydd i'r chwith. Dyma ni yn encil olaf y planhigion Alpaidd oedd yn gyffredin dros Brydain ar ddiwedd Oes yr Iâ, ond dyma eu ffin ddeheuol bellach. Mai a Mehefin yw'r amser gorau i'w gweld yn eu hysblander cynnil, ond da chi peidiwch a rhyfygu mynd i drybini ar y clogwyni; a chofiwch y rheol euraidd, edrychwch ond na chyffyrddwch! Crwydrodd amryw o amser Edward Llwyd hyd Evan Roberts i ddarganfod y rhyfeddodau ar y creigiau.

Bum innau'n crwydro yma fis Mawrth eleni a bod yn ddigon ffodus i weld y tormaen porffor yn ei ogoniant. Roedd amryw o glystyrau clustogaidd ohono mewn mannau cysgodol, gwlyb lle llifa'r ffrydiau i lawr, y cyntaf o'r blodau Alpaidd i flodeuo, ac yn siŵr i chi, y prydferthaf ohonynt. Mae gweld y lliw porffor wedi llwydni'r gaeaf yn cyflymu'r gwaed. Fedra' i ddim gwrthod y demtasiwn i geisio cael ffotograff pan welaf flodau fel hyn, felly troedio fel gafr amdani i fynd ddigon agos.

Roedd hi'n hawdd i mi ei adnabod oherwydd gwaith rhai fel Evan Roberts:

> . . . dwad ar draws ryw flodyn bach, wel, y peth tlysa welais i rioed. Torfaen cyferbynddail ydi'r enw Cymraeg arno fo. *Purple saxifraga* ydi'r enw Saesneg iddo fo. *Saxifraga oppositifolia* ydi'r enw gwyddonol.
>
> Wyddwn i ddim byd yr adeg honno be oedd ei enw fo, wrth gwrs, a mi synnodd hwn fi gymaint, dyma ryw ddeud wrthaf fi'n hun: Wel duwch! dyma'r petha fydda

'Nhaid — dyma'r wybodaeth odd gan fy nhaid, mae'n siŵr . . . Fe ddeffrodd hwnna rwbath i mi, 'dach chi'n gweld — wel, yr anwybodaeth odd gin i! . . .

A dyma'r hedyn a flagurodd yn ddiddordeb mawr ei fywyd, mi fu'n chwilota am blanhigion Alpaidd a dod y prif arbenigwr ar eu safleoedd dros y blynyddoedd. Eto,
. . . i fyny yng Nghegin y Cythraul . . . ryw hen le digon hegar oedd o — a be welwn i'n fan honno ond ryw lili fach wen. O'n i'n gwybod amdani . . . Roedd hi wedi cael ei darganfod gan Edward Llwyd, 'dach chi'n gweld . . . tydi hi ddim yn tyfu yn unlle arall yn y wlad yma, ym Mhrydain Fawr, ond yn y rhan yna o Eryri.

Mae bywyd yn galed i ddyn ac anifail yma, ac felly hefyd i'r planhigion. Addasodd peisgwellt y ddafad (*viviparus*) i'r hinsawdd trwy fagu planhigion bychain ar ei blodau yn hytrach na mentro cynhyrchu hâd a gai drafferth i oroesi crafanc caledi'r rhew.

Chwiliwch am olion sgriffiadau'r rhew wrth igam-ogamu rhwng y creigiau; gallech gyrraedd cysgod y Twll Du gyda gofal. Gwelir amrywiaeth o greigiau wrth fodd y daearegwr yn y cwm — llechen, rheioleit, piwmis (*pumice*) a basalt. Daw mwyalchen y mynydd a'r frân goesgoch i nythu yma ac fe glywir crawc y gigfran rhwng y clogwyni. Cawsom ein cinio yma a hamdden i adael i'r llygaid grwydro a'r glust wrando ar y tawelwch unig.

Wrth gychwyn o ris i ris i lawr at ochr arall y llyn fe welwch leiniau o dir wedi eu ffensio ar y dde islaw, a mwy wrth geg y llyn. Lleiniau arbrofol ydynt i ddarganfod effaith pori — a throedio — ar y llysieuaeth. Cofiwch, bu'r defaid a'r geifr yma ers canrifoedd bellach gan raddol droi llethrau grugog a choediog yn borfeydd agored; fe sethrid neu fe fwyteid y glasbrennau cyn iddynt gael gafael digonol. Gall atal pori droi'r cloc yn ôl i raddau, a rhoi cyfle i weiriau eraill dyfu. Maeswellt a pheisgwellt y defaid sydd fwyaf cyffredin yma, ond lle gwaherddir pori gwelir brigwellt mawnog a maeswellt sypwraidd yn gwreiddio. Mae pridd eitha maethlon yma, yn cynnwys mineralau a olchir i lawr gan y mân ffrydiau. Prin yw'r borfa ar y cerrig sur fodd bynnag. Awn heibio nifer o'r mariannau wedi cyrraedd ochr y llyn a phridd sur ynddynt, sydd wrth fodd yr eithin mân, cawnen ddu, a chlwbfwsogl alpaidd.

Daw'r llwybr â ni i lawr at lan y llyn yn y man. Chwipiodd stormydd gaeafol y cerrig i ffurfio'r traeth graeanog yn union fel tonnau'r môr. Eisteddwch yma i fwynhau'r awyrgylch a hwyrach y cewch gip ar yr ymwelwyr adeiniog tymhorol: alarch y gogledd a hwyaid pengoch yng ngerwinder gaeaf, pibydd y traeth a bronwen y dŵr yn nhes yr haf, a'r gwylanod cwynfanllyd gydol yr amser.

Cyn gadael hud y cwm, piciwch i fyny'r llethr ar y chwith i gael golwg ar afon Ogwen yn ymdroelli hyd lawr llydan y dyffryn; dychmygwch y fan wedi Oes yr Iâ ac anferth o lyn yn llenwi'r dyffryn i'r ymylon. A dyna chi wedi cael cipolwg ar effeithiau grym anorfod y rhewlifoedd ar ein mynyddoedd.

Gadawaf i Evan Roberts ddweud y gair olaf am Gwm Idwal, sy'n berthnasol i bob man arall y crwydrwn ac y cawn y fraint o'u gweld yn eu gogoniant:

> Be ydan ni'n mynd i'w wneud i'w gadw fo, ei roi o drosodd mewn ryw fath o ffurf neu siâp i bobl ar yn hola ni? Ydan ni'n mynd i ddringo a thynnu pob gweiryn sydd ar y graig er mwyn dringo ac er mwyn cerddad, ac ati, a gwisgo'r hen ddaear 'ma'n foel?

Dyma rai o'r planhigion a welir yn y cwm:

Ffa'r corsydd	*Menianthes trifoliata*
Tafod y gors	*Pinguicula vulgaris*
Chwys yr haul	*Drosera rotundifolia*
Pumdalen y gors	*Potentilla palustris*
Tresgl y moch	*Potentilla erecta*
Llafn y bladur	*Narthecium ossifragum*
Plu'r gweunydd	*Eriophorom augustifolium*
Migwyn	*Sphagnum*
Blewfwsogl cyffredin	*Polytrichum commune*
Clwbfwsogl alpaidd	*Lycopodium alpinum*
Brwynen feddal	*Juncus effusus*
Brwynen droellgorun	*Juncus squarosus*
Maeswellt cyffredin	*Agrostis tenius*

Maeswellt sypwraidd .... *Holcus lanatus*
Peisgwellt y defaid .... *Festuca ovina*
Peisgwellt y defaid viviparus .... *Festuca vivipara*
Brigwellt mawnog.............................. *Deschampsia caespitosa*
Cawnen ddu.. *Nardus stricta*
Eithin mân .... *Ulex galli*

Planhigion Alpaidd
Brwynddail y mynydd.................................. *Lloydia serotina*
Tormaen cyferbynddail/porffor .... *Saxifraga oppositifolia*
Tormaen serennog .... *Saxifraga stellaris*
Tormaen mwsogl.................................. *Saxifraga hypnoides*
Suran y mynydd.. *Oxyria digyna*
Arianllys y mynydd .... *Thalictrum alpinum*
Gwallt y forwyn gwyrdd .... *Asplenium viride*

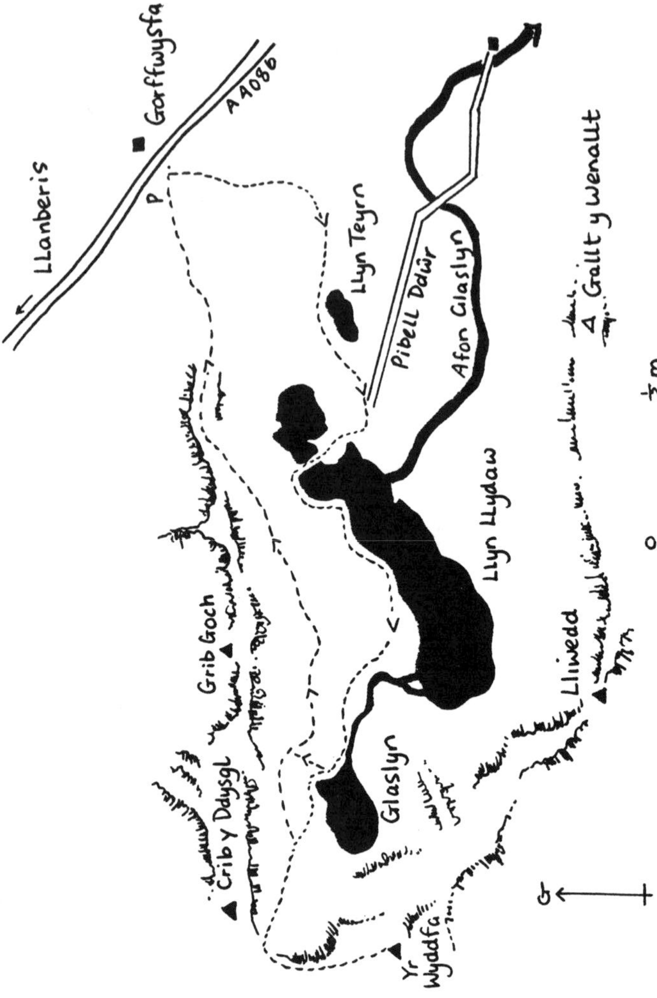

Llanberis
Gorffwysfa
A4086
P
Llyn Teyrn
Pibell Ddŵr
Afon Glaslyn
Gallt y Wenallt
Llyn Llydaw
0
½m
Grib Goch
Lliwedd
Crib y Ddysgl
Glaslyn
Yr Wyddfa
G

9. Ar Lethrau'r Wyddfa

Hyd: 8k/5.25m
Dringo: 350m/1100'
Amser: 3 awr
Ansawdd: llwybr hawdd ei ddilyn, garw a serth mewn mannau

Man cychwyn: SH 648557
Maes parcio Pen y Pass/Gorffwysfa.

Taith bleserus, heb orfod dringo gormod na dychwelyd yr un ffordd, yw'r un i fyny Llwybr y Mwynwyr at Lyn Glaslyn ac yna i lawr Llwybr y Pyg. Wrth i ni gychwyn, ar fore o Ragfyr, roedd digon o geir yn y maes parcio gyferbyn â Hostel Ieuenctid Pen-y-pass, hen westy Gorffwysfa yn nyddiau Tywysyddion Eryri. Darllenwch lyfr hynod ddiddorol Dewi Jones am hanes y dringo a'r chwilota cynnar ar yr Wyddfa a chreigiau eraill Eryri. Dyma ddywedodd Edward Llwyd am y gwesty:

> *I have seen a fellow, march nine times about* Gorphwysfa Peris a Carnedh *under Snowdon hill, repeating ye Lords Prayer and casting in a stone at every turn: where I am apt to imagine yt St. Peris or some one else lies buried there.*

Caf bleser o ddod yma ganol haf hefyd i chwilio am blanhigion y mynydd-dir yn eu blodau. Dibynna yr amrywiaeth llystyfiant i raddau helaeth ar natur y creigiau ac effeithiau Oes yr Iâ arnynt. Rheioleit a welir gyntaf wrth gychwyn i fyny'r llwybr o'r maes parcio gyferbyn â Gorffwysfa — craig galed, folcanig na ychwanegodd fawr o faeth i'r pridd. Wedyn down at garreg piwmis, sy'n feddalach ac yn rhoi mwy o faeth, gan gynnwys calch, i'r pridd, ac felly yn cynnal gwell amrywiaeth o blanhigion. Cawnen ddu sy'n tyfu fynychaf ar y rheioleit, tra ceir peiswellt a maeswellt sydd fwy at ddant y defaid, ar y piwmis.

Pan dry'r llwybr yn raddol i'r dde fe ddowch i olwg craig anferth ar ganol llwybr y rhewlif am Nant Gwynant. Llyfnhawyd yr ochr uchaf ac fe blyciwyd darnau'n rhydd o'r ochr isaf, serth, gan rym y

Llyn Llydaw a'r Wyddfa

rhew. Craig folcanig yw hon eto, dolereit (*dolerite*) y tro yma a goleddodd yn golofnau hecsagonal. Trawai pelydrau haul isel Rhagfyr arni wrth i ni nesáu at Lyn Teyrn. Sylwch ar y barics oddi tanoch lle bu gweithwyr y mwynfeydd copr yn aros.

Mae nifer o fawnogydd bychain yn gwpannau llaith rhwng y creigiau ac yn hafan i chwys yr haul — *drosera rotundifolia,* tafod y gors — *pinguicula vulgaris,* a phlu'r gweunydd — *eriphorum angustifolium.* Mae'r mawn yn raddol godi tu ucha i'r llyn ac ymhen amser fe allai lenwi'r llyn yn gyfangwbl.

Fe welwch ddigon o goed wrth syllu i lawr Nant Gwynant i gyfeiriad Beddgelert, ond welwch chi fawr yma. Oherwydd gerwinder y tywydd a phori a throedio cyson y defaid a'r geifr, does fawr o goed bellach uwchlaw 250 metr; ond dengys tystiolaeth y paill o'r mawn inni fod coed i'w cael hyd at 600 metr mewn cyfnod cynhesach yn dilyn Oes yr Iâ. Gall astudiaeth o baill o'r mawn ddangos inni yn union sut blanhigion dyfai mewn gwahanol gynefinoedd filoedd o flynyddoedd yn ôl.

Wrth nesu at Lyn Llydaw fe gerddwch yn gyfochrog â'r bibell ddŵr newydd sbon danlli sy'n nadreddu tua gorsaf drydan Cwm Dyli. Beth yw eich barn amdani? A ddylid bod wedi ei chladdu? A ellir cuddio'r graith? Cofiwch, efallai mai cael mwy o orsafoedd trydan bychan fel hon yw rhan o'r ateb i broblem cyflenwi ynni rhagor nac ynni niwclear — neu orsafodd sy'n llosgi glo neu olew ac arllwys gwenwyn i'r amgylchedd.

Welais i ddim mo lefel y dŵr cyn ised yn Llyn Llydaw ers tro byd, roedd llathenni o dir sych rhwng y cob a'r llyn. Cawsom ein cinio ar yr ochr draw, cyn i'r haul ddiflannu tu cefn i Lliwedd ac i'r oerfel ddechrau gwasgu.

Mentrodd ambell wylan atom i fegera, ond crawcian o'r uchelderau wnai'r gigfran. Fedrwch chi ddychmygu prysurdeb y gwaith copr ganrif yn ôl, ger pen pella'r llyn? Mae digon o dystiolaeth o'r garreg cwarts wen yma, a dilyn haenau hon fyddai'r mwynwyr i chwilio am y copr. Tu draw iddo y dechreua'r dringo o ddifrif os am gyrraedd copa'r Wyddfa.

Fel yng Nghwm Idwal, y rhewlif a gafniodd wely'r llynnoedd a gadael gwaddodion ar ei ochrau lle nad oedd y llif araf cyn gryfed.

Mae nifer helaeth o'r mariannau ochrol i'w gweld yma eto.

Rhaid dringo tipyn eto i gyrraedd yr uchaf o'r tri llyn, Glaslyn, sy'n swatio'n glòs yng nghesail copa'r Wyddfa. Ganol haf, a'r haul yn taro'r dyfroedd, ni welwch las tywyllach, disgleiriach, yn unman, ond heddiw llwydaidd, iasoer ydoedd. Gwnaed gwaith aruthrol ar y llwybrau, yn wir mae bron fel cerdded ar balmant ar adegau. Mae'n tynnu oddi ar wedd naturiol y mynydd, ond Duw â ŵyr faint o greithiau fyddai yma pe gadewid i'r miloedd sathru fel a fynnont.

Mi adawn y llwybr yma a dringo'r llethr glas ar y dde i gyrraedd Llwybr Pyg a throi yn ôl tua'r dechrau, gan edrych i lawr ar y llynnoedd yn awr. Llwybr garw, creigiog yw am sbel ac effaith y rhew yn amlwg eto, wedi llyfnhau'r graig i ffurfio palmant rhewlifol.

Mae digonedd o cwarts i'w weld yma eto yn disgleirio yng ngolau'r haul. Roedd yn braf esgyn o gysgod y cwm i deimlo gwres yr haul eto. Wrth edrych draw tua Betws y Coed a Dyffryn Lledr gwelwn fod y niwl wedi aros yn y dyffrynnoedd gydol y dydd gan adael y copaon fel llongau yn llygad yr haul.

Caf esgus i loetran yn hamddenol yn hytrach na bustachu tua'r copa pan ddof ffordd hyn ganol haf i chwilota am blanhigion yng nghysgod y creigiau, wrth ffrydiau neu ar ymylon y pyllau mawn. Rhai bychain yw llawer o'r blodau ond ddim yn llai eu prydferthwch na rhai llawr gwlad cysgodol, cynhesach eu cartrefi. Chwiliwch am y rhain: pren y ddannoedd *(sedum rosea)*, teim gwyllt *(thymus drucei)*, mantell Fair fynyddig *(alchemilla vulgaris)*, tormaen cyferbynddail *(saxifraga oppositifolia)*, llafn y bladur *(narthecium ossifragum)*, tormaen mwsogaidd *(saxifraga hypnoides)*, bara'r gog *(oxalis acetosella)*, tormaen serennog *(saxifraga stellaris)*, eglyn *(chrysoplenium oppositifolium)*, suran y mynydd *(oxyria digyna)*.

Wedi cyrraedd Bwlch y Moch edrychwch yn ôl i weld pedol yr Wyddfa yn ei gogoniant o Allt y Wenallt i Lliwedd, Yr Wyddfa, Crib y Ddysgl a Chrib Goch uwch eich pen. Dyna i chwi lwybr ar ddannedd y graig sydd dros y Grib Goch, mae rhai yn rhedeg drosti, coeliwch neu beidio!

> Gwaedda — tafl dy raff
> (oni chipia'r gwynt dy edau o lais)
> fil o droedfeddi crog
> am gyrn y tarw-wyll sy a'i aruthr dwlc
> rhyngot a'r dydd.
>
> ('Crib Goch' — T.R. Hughes)

Byddwn yn y cysgod o hyn i ddiwedd y daith, yn wir ychydig iawn o haul a wêl yr ochr yma i'r dyffryn i lawr i Nant Peris dros fisoedd y gaeaf. Roedd hi'n dawel iawn y prynhawn hwn, y tawch yn cynyddu, tomenydd Elidir fel crwbanod enfawr, er efallai bod yna amryw o ddringwyr yn crafangu ar greigiau'r Glyder Fawr o gwmpas Pont y Gromlech.

Wedi cyrraedd yn ôl i'r maes parcio diflannodd y copaon i'r tawch, gan guddio cyfrinachau ein gorffennol pell. Wyddoch chi o ble daeth enw'r Wyddfa?

Un noson dechreuodd dau o frenhinoedd Prydain, Nynio a Pheibio, daeru â'i gilydd.

'Edrych ar fy nghae eang i,' meddai Peibio.

'Ble mae o?' gofynnodd Nynio.

'Y nefoedd i gyd,' oedd yr ateb.

'Ac edrych dithau ar yr holl anifeiliaid sy' gen innau'n pori arno,' meddai Nynio.

Aeth y taeru'n daro. Pan glywodd Rhita Gawr, brenin gogledd Cymru, am hyn gwylltiodd yn ulw ac aeth yntau i ymladd yn erbyn Nynio a Pheibio. Trechodd hwynt ac eillio eu barfau i'w sarhau. Clywodd wyth ar hugain o frenhinoedd eraill am y sarhâd, a daethant i ymladd â Rhita. Trechodd hwynt i gyd ac eillio eu barfau hwythau a gwneud clogyn ohonynt. Yna heriodd Rhita y Brenin Arthur, ond profodd hyn yn gamgymeriad tyngedfennol. Lladdodd Arthur ef a chladdwyd Rhita ar gopa'r mynydd uchaf yn Eryri. Rhoddodd milwyr Rhita ac Arthur un garreg yr un ar y corff.

Mae'r arfer o roi un garreg ar garnedd ar gopa mynydd yn parhau hyd heddiw. Gwyddfa (sef bedd) Rhita Gawr fu enw'r mynydd ar ôl hyn.

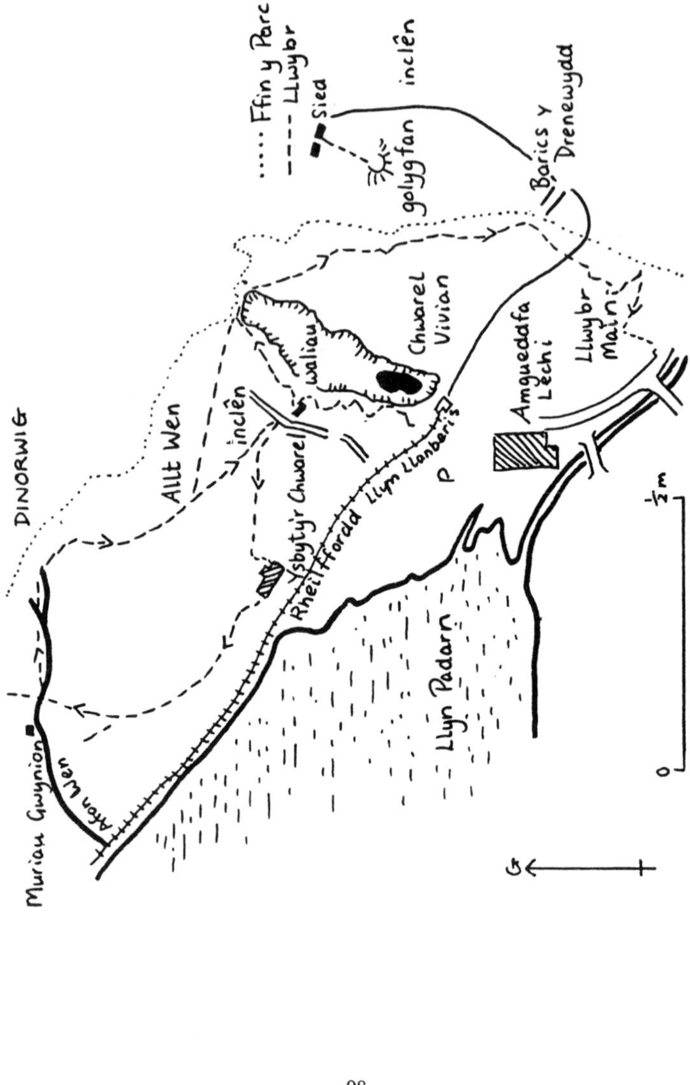
DINORWIG
Muriau Gwynion
Afon Wen
Allt Wen
inclên
Ysbyty'r Chwarel
waliau
Rheilffordd Llyn Llanberis
P
Llyn Padarn
Chwarel Vivian
Amgueddfa Lechi
Llwybr Main
Barics y Drenewydd
golygfan
Sied
inclên
Ffin y Parc
Llwybr
0
½m
G

10. Parc Padarn

Hyd: 4.5k/2.75m
Dringo: 120m/375'
Amser: 2 awr, neu awr yr un.
Ansawdd: Llwybrau hawdd eu dilyn — wedi eu harwyddo

Man cychwyn: SH 587604
Maes parcio Parc Padarn

Disgrifiais ddwy daith yma, ond gellid yn hawdd eu cyfuno i wneud un daith hirach, ac y mae digon o ddewis o lwybrau i amrywiadau eraill hefyd. Chi biau'r dewis! Mae taflenni gwybodaeth a mapiau ar gael yn y Ganolfan Wybodaeth yn y Maes parcio neu yn Ysbyty'r Chwarel.

Daeth Parc Padarn yn Llanberis yn gyrchfan boblogaidd, gydag amryw o atyniadau fel Amgueddfa Lechi Dinorwig a'r trên bach ar lan Llyn Padarn. Gwell fydd gen i droedio llwybrau cysgodol Coed Dinorwig a mwynhau orig dawel, hamddenol yno. Dowch at hen ysbyty'r chwarel efo mi i ni gael troedio llwybrau'r goedwig hynafol hon.

Gweddillion hen goedwig Eryri a oroesodd y canrifoedd a'r clirio gan amaethwyr i gael porfa i'w hanifeiliaid yw hi. Gall fod yn rhan o hen Goedwig Frenhinol Cymru y cyfeirir ati mewn dogfennau o oes Elisabeth I. Caewyd y tir gan berchnogion chwareli Dinorwig y ganrif ddiwethaf gyda'r bwriad o gadw'r trigolion lleol allan ac felly'n ddiarwybod yn cadw coedwig naturiol dderw yr ucheldir (*quercus petraea*) i ni allu mwynhau ei throedio heddiw.

Saif y goedwig ar lethr uwch Llyn Padarn, yn wynebu'r de-orllewin ac felly yn wyneb yr haul. Mae'r ochr serth yn nodweddiadol o ddyffryn siap U yn dilyn y rhewlifoedd, a gwelir cyfres o gribau a cheunentydd ar hyd y llethr yn dilyn haenau o lechfaen galed, las a'r llechen feddalach goch. Yn ystod y daith cewch gyfle i weld yr amrywiaeth mewn tyfiant o'r carped ar lawr i'r prysgwydd o gyll a chelyn hyd y coed uwch, yn dderi, bedw, ffawydd, sycamorwydden, criafol ac onnen. Mae'n debyg mai'r

Parc Padarn

cyfoeth o fwsoglau, rhedynnau a chen yw prif arbenigrwydd y goedwig, planhigion sy'n ffynnu mewn safle cysgodol, llaith dan y deri.

Dyna ddigon o ragymadroddi, beth am hel ein traed heibio'r marwdy at y llwybr sy'n esgyn yn raddol ar letraws ar y llethr serth. Prynhawn heulog o Ionawr oedd hi pan euthum y ffordd yma ddiwethaf. Nid oes raid cyfyngu teithiau fel hyn i fisoedd yr haf, yn wir yn aml iawn gallwch weld mwy yn y gaeaf, medrwch weld trwy'r coed pan font yn noeth, a bydd yn haws gweld rhai rhedynnau, mwsoglau a chen hefyd pan fo llai o dyfiant arall yn cystadlu â hwy. Does fawr o ddyfnder pridd yma oherwydd yr oledd ac o'r herwydd araf iawn mae'r coed yn tyfu ac ychydig o dyfiant sydd ar lawr. Dywedais ei bod hi'n goedwig naturiol, ond mae clympiau o goed conwydd yma ac acw, yn enwedig yn y rhan agosaf i'r hen siediau a blannwyd ar gyfer gweithdai'r chwarel, rhai tua chanrif yn ôl. Gwelwch lawer ohonynt yma ar ddechrau'r daith. Wrth ddringo, fe fyrhâ'r coed ar y mannau agored, creigiog, oherwydd dim ond tua 15 troedfedd ydynt o'u cymharu â thua 30 troedfedd yn y pantiau. Ymddengys ambell un fel pe bai'n tyfu o'r graig, a does ryfedd yn y byd bod golwg mor eiddil arnynt ar cyn lleied o gynhaliaeth. Ar y llaw arall fe ddowch ar draws pinwydden yr Alban yn llond ei chroen yn y man.

Toc fe gyrhaeddwn fan uchaf y llwybr wrth fainc hwylus am hoe a chyfle i edrych draw tua'r bryniau pell. Sylwch mor foel ydyw llethrau'r Wyddfa a Moel Eilio ac eithrio coedwigoedd y Comisiwn Coedwigaeth. Llecyn bendigedig i sawru aruthredd a thangnefedd arhosol y mynyddoedd ac eiddilwch dyn. Mae rhai pinwydd Corsica y tu isaf i'r llwybr, ac amrywiaeth o gen ar y cerrig tu cefn i'r fainc. Os temtir chi i grafu peth o'r tyfiant llwyd oddi ar garreg rhywdro, cysidrwch mai tua 1-2 mm y flwyddyn y tyf, ac y gallech ddad-wneud tyfiant ugeiniau o flynyddoedd mewn chwinciad chwanen.

Dau blanhigyn yn cyd-fyw yw cen mewn gwirionedd, alga a ffwng; 'symbiosis' yw'r term am y berthynas o gyd-ddibyniaeth yma. Gall yr alga gynhyrchu bwyd allan o ddefnyddiau fel carbon deuocsid a dŵr, ond fel arfer rhaid i ffwng ddibynnu ar weddillion planhigion eraill am gynhaliaeth. Pan fo'r ddau'n cydweithio er lles ei gilydd, fe gynhyrchir planhigyn mwy cymhleth. Gresyn na fedrai dyn gyd-fyw yn hapus â'i gymydog ynte. Gwelir y math cyffredin, llwyd, crystiog yma, a'r melyn deiliog. O'r ochr allanol y tyfant gan raddol ymledu ac weithiau ffinio ar diriogaeth cen arall. Ymddengys rhai ar y cerrig yma yn union fel map o wledydd y byd.

Cadwch lygad yn agored am ddwy goeden â gwifren hen ffens ynghladd yn eu rhisgl, yr haearn wedi rhydu ers cantoedd a gweddill y ffens wedi mynd i ebargofiant. Ceisiodd y rhisgl gau'r graith, amddiffyniad naturiol planhigion rhag ymosodiadau allanol.

Ar ein pennau â ni tua'r hafn lle rhuthra'r afon Wen bendramwnwgl i lawr i dawelwch Llyn Padarn. Ceir rhagorach cysgod yma, pridd cyfoethocach, llaith, a'r canlyniad yw cynnydd yn y llystyfiant. Dyma gynefin perffaith i fwsoglau a rhedynnau, sy'n gorchuddio rhan helaeth o'r cerrig a'r coed. Ceir digonedd o'r mwsogl *polythrichum* yma a nifer o rai eraill. Chwilotwch amdanynt.

Un dull o adnabod rhedyn yw trwy'r blwch sboriau ar ochr isaf y dail, gan fod pob rhywogaeth â'i ffurf unigryw. Pan aeddfeda'r sboriau fe'u teflir allan o'r blwch ac os disgynnant ar lecyn llaith fe egina'r sbôr yn dyfiant bychan — y *prothallus*. Ni all hwn dyfu'n rhedyn fodd bynnag nes i'r had gwryw nofio at yr ŵy o un cwr i'r llall o'r prothallus. Mae'n eglur felly bod lleithder yn hanfodol. Tyf y rhedyn ungoes, rhedyn cyffredin y mynydd, ar y llethrau isaf ac ar y tomenydd llechi. Gall hwn dyfu ar dir eithaf sych ac agored a lledaenu dan y ddaear wrth i'r coesau ymrannu a lledu, y dail yn unig sydd yn y golwg. Mae'r rhywogaethau eraill a welir yn y ceunant yn fwy dethol eu dewis o gartref ac yn ymledu trwy ledaenu'r sboriau yn hytrach na than y ddaear. Tyf gwallt y forwyn ar y cloddiau a'r cilfachau creigiog a daw'r llawredynen i'w helfen yma, yn tyfu'n glystyrau fel dillad carpiog ar y canghennau. Manteisio mae ar safle uwch i gyrraedd y goleuni; perthynas epiphytig yw hon, lle nad oes ond un planhigyn yn elwa o'r berthynas. Meddiannu fflat heb dalu rhent!

Ceir holl goed cyffredin y goedwig yn y llecyn yma, celyn, helyg, gwernen, bedw, cyll, yn ogystal â'r dderwen. Os gwelwch goed syrthiedig, pydredig yma ac acw, nid esgeulustod ar ran y wardeiniaid yw. Y madredigaeth yma sy'n rhoi hafan i ffwngau, mwsoglau a phryfetach, ac a fydd yn nhreigl amser yn gwrteithio'r pridd a rhoi maeth i goed ifainc ar eu prifiant. Peidio ymyryd mwy na sydd raid ar y drefn yw polisi pob cadwriaethwr gwerth ei halen.

Gan bwyll wrth fynd ar i waered, llechfaen lefn sydd dan draed, a gall y dail pydredig achosi cwymp hefyd. Buan y daw byrlymu gwyllt yr afon Wen i'r clyw, a golygfa syfrdanol wedi glawogydd trymion. Edmygwch aruthredd grym dŵr wrth weld dyfnder yr hafn a gerfiwyd dros y miloedd blynyddoedd ers Oes yr Iâ.

Croeswch bont nodweddiadol o ddarbodusrwydd ardaloedd y chwareli, darnau o gledrau'r hen reilffordd a slabiau enfawr o lechi drostynt, rhad ond effeithiol dros ben — gallai'r llifeiriant godi drosti heb berygl o'i sgubo i ddifancoll. Craig ddisyfl ym merw'r lli. Oddi tanoch, saif Muriau Gwynion, tŷ helaeth fu'n gartref goruchwyliwr, ac yn ei dro, feddyg y chwarel.

Wrth ddringo'n gyfochrog â'r afon fe ddowch at lecyn gweddol glir o goed a rydd gyfle i'r eithin mynydd — *ulex galli* — fagu gwreiddiau. Cadw'n glòs at y ddaear wna hwn, yn wahanol i'r llwyni uchel a geir ar lawr gwlad, a hwyrfrydig braidd yw i flodeuo, ond yn werth ei weld yn gymysg â phorffor y grug. Dacw bont arall i'w chroesi, coeden a syrthiodd gerllaw wedi ei gosod dros y dyfroedd gyda chanllawiau hwylus i droedio'n ddiogel ac yn gweddu i'r dim i'r amgylchedd. Rhai fel hyn oedd pontydd cyntaf dyn, cyndeidiau Telford a'i ryw.

Dringo sydd o'n blaenau eto, ond ewch wrth eich pwysau, rhag colli dim o hud y daith. Mae'r hen lefel a ebillwyd i chwilio am lechen rywiog yn gartref cysgodol clyd i fwsoglau erbyn hyn, tŷ tamp diferol sydd orau ganddynt, yn wahanol i'r chwarelwyr gynt ddioddefodd o'r dicáu a'r crud-cymalau yn eu tyddynod gwael. Rydym ar gyrion uchaf y goedwig bellach, ychydig islaw pentref Dinorwig. Cliriwyd peth o'r deri oddi yma a daeth y fedwen, helyg a'r cyll i hawlio'r tir. Yn groes i'r dderwen sy'n hoff o gysgod, llecyn cynnes i dorheulo sydd wrth fodd y rhain. Mae gormod ohonynt yma braidd, yn sathru traed ei gilydd, ac yn feinion, gyda rhai'n cwympo o bryd i'w gilydd yn y gystadleuaeth ddi-edifar. Pan dyfant yn rhy drwchus gall y llawr fod yn rhy dywyll i'r hâd egino. Ymhen amser gall adar ac anifeiliaid gludo hadau o goed eraill a galluogi coed sy'n fwy hoff o gysgod dyfu gan gyrraedd penllanw pan deyrnasa'r dderwen ddigoes, y mwyaf swil ohonynt oll. Gallai'r goedwig dderi barhau yn y stâd yma am ganrifoedd wedyn, a dyna i chwi olyniaeth naturiol coedwig i'w gweld o flaen eich llygaid.

> Hir ei hoes er pob treiswaith, — pery hon
>   Er y pryf a'i anrhaith;
>   I'w thirf fodolaeth hirfaith
>   Un awr fer yw canrif faith.
>
>   (Alan Llwyd)

Trown i'r dde drwy'r giat ar lwybr llydan, gwastad; hen gob yw, bu cronfa ddŵr lle gorwedd y gors ar y chwith. Mae gweddillion y giat ddŵr gerllaw, o'r lle y cyfeiriwyd y lli i lawr at y ffatri wlân yn y gwaelodion. Wrth fynd draw fe welwch bod y rhan uchaf o'r goedwig yn eitha gwastad ac felly ceir mwy o ddyfnder pridd, ac o ganlyniad, well amrywiaeth o goed a phlanhigion ar lawr, a'r rhain yn eu tro'n denu nifer o adar a mamaliaid. Cyfres o gadwyni cyd-ddibynadwy yw amgylchfyd fel hyn, ac os torrir un ddolen gellir difetha'r gadwyn gyfan. Mae llwyni llus a grug yn lluosog yma, a dyma fyddai gorchudd naturiol y llethrau o gwmpas Dinorwig oni bai am ymyraeth dyn. Yn eu tymor bydd llygad Ebrill, suran y coed, briallu, teim gwyllt, ac eurinllys ymysg y carped amryliw.

Beth am chwilota am rai o'r dwsinau o dwmpathau morgrug y coed, *Fformica rufa*, o boptu'r llwybr? Gweddol ddi-nod ydynt dros fisoedd y gaeaf, twmpath bler o bridd a dail crin ar ei ben yn gysgod i'r frenhines. Yn yr haf, fodd bynnag, gallech weld y miloedd yn prysuro ar eu hynt, pawb â'i briod waith, trefn ymhlith yr annibendod ymddangosiadol. Bydd y twmpath yn uwch a haws ei ddarganfod bryd hynny, yn gwarchod y siamberi a'r lefelau tanddaearol.

Hen dŷ powdwr y chwarel yw'r murddun a welwch ychydig islaw'r llwybr yn y man, cyn belled â bo modd o'r chwarel ac unrhyw annedd rhag digwydd trychineb. Tyf tegeirian prin iawn yng Nghymru yma, caldrist ddail-hirion, tebyg iawn i'r caldrist wen ond yn dalach a'r dail yn feinach. Efallai mai oherwydd bod peth o'r mortar wedi disgyn o'r muriau trwchus yn nhreigl amser a throi'r pridd yn galchiog ac felly wrth fodd y planhigyn.

Anelu'n ôl am yr ysbyty wnawn erbyn hyn gan gadw i'r dde yn y fforch nesaf. Awn heibio clwstwr arall o binwydd yr Alban eto wrth ddynesu at siediau'r chwarel. Fe welwch y rhedyn yma gydol yr amser, yn garped moethus trwchus neu'n rhidyllau rhydlyd. Pan ddowch uwchben yr ysbyty trowch i'r dde i ben y daith.

Chwarel Vivian a'r Llwybr Main

Gwelsom y llechweddau ar eu gwedd naturiol wrth rodio Coed Dinorwig. Y tro yma beth am weld peth o effaith dyn ar yr amgylchedd wrth iddo rwygo'r ddaear i ganfod y garreg las fu'n fywoliaeth, ac yn farwolaeth, i gynifer. Awn o gwmpas twll Vivian, drwy'r coed i olwg chwarel Dinorwig ac yna i lawr y Llwybr Main. Sefydlwyd cwmni Dinorwig gan Thomas Assheton Smith yn nyddiau cynnar y bedwaredd ganrif ar bymtheg, a bu gŵr o'r enw W.W. Vivian yn rheolwr ddiwedd y ganrif; a dyna egluro enw'r twll.

Buddiol fyddai bwrw golwg arno yn gyntaf. Fel y gwelwch, gweithwyd y chwarel yn bonciau ar lethr y mynydd gan ddilyn gwythïen gyfoethog ar i waered. Roedd tua 50 troedfedd arall o'r sinc ond fe'i boddwyd gan y dyfroedd gwyrddlas pan rowliodd y wagen olaf yn 1964. Sylwch ar y lliwiau glas, gwyrdd a phiws ar y graig. Cludid y cerrig o'r gwahanol bonciau at y siediau i lawr yr inclêns ac fe ddown ar draws inclên Vivian ac inclên Dinorwig ar ein hynt. Byddai pwysau wagen lawn yn ddigon i godi'r wagenni gwag yn ôl. Erys cytiau'r drymiau a ddaliai'r gwifrau, a'r cledrau, yn dystion i'r prysurdeb morgrugaidd a fu.

Cofiwch bod nifer o lwybrau yma felly cadwch olwg ar arwyddion y traed glas rhag mynd ar gyfeiliorn. Cychwynnwn ar ein dringo i fyny'r inclên ar y dde i'r mynediad i chwarel Vivian gan droi i'r chwith wedi cyrraedd y ffordd aiff â ni ar draws y twll cyn dechrau dringo'r grisiau llechi yr ochr arall, a bydd digonedd o hynny cyn cyrraedd y brig. Bydd angen coesau geifr arnoch! Ar y gair daeth sŵn crio torcalonnus i'n clyw, ac wedi craffu draw at y ponciau fe welem mai'r geifr oedd yn gyfrifol am yr hylibalŵ. Crwydrodd y rhai bach at bonc hanner ffordd i fyny tra porai'r fam yn hamddenol ar y gwaelod; sôn am nadu! Nid oedd angen rhaff arnynt, cofiwch, na sialc yn yr agennau fel y dringwyr a welem yn crafangio fel pryfaid cop o bonc i bonc.

Wedi troi cefn ar y geifr gwelsom wiwer lwyd yn sboncio'n heini o frigyn i frigyn uwch ein pennau a llwyddo i groesi'r ffordd dros bont y coed.

Dringo o lefel i lefel y byddwn am sbel gan basio heibio nifer o'r waliau, y cysgodfeydd cyntefig lle byddid yn trin y cerrig yng nglasoed y chwarel. Bu angen cryn lafur a medrusrwydd i godi'r grisiau llechi yma a chael llwybr sàd ar oledd mor serth. Ar domen lechi y dringwn ar hyn o bryd, ac o'r herwydd crintachlyd yw'r gorchudd o bridd. Crafwyd y mwsog oddi ar y grisiau mewn mannau gan y gall fod yn beryglus o lithrig i gerddwyr ar dywydd gwlyb. Braf oedd gweld y grug yn deffro wedi'r gaeaf.

Pan gyrhaeddwch un o'r lefelau piciwch draw at ochr y twll i weld olyniaeth y rhywogaethau ar y ponciau uchaf nas gweithwyd er y tridegau. Cen a mwsog fyddai'r sgowtiaid cyntaf o'r fyddin lechwraidd yn graddol adfeddiannu ei thiriogaeth, yna wedi i ddigon o bridd a hwmws grynhoi fe gai'r rhedyn, grug a'r mieri droedle, ac yn olaf fe ddisgynna'r hâd a dyna lwyni cyll a bedw yn crafangu gwreiddio. Go brin bod digon o bridd i'r dderwen fagu bloneg yma. A dyna'r rhod yn troi'n araf ond yn sicr. Fe synnech cyn lleied o bridd sydd ei angen i ddechrau tyfiant; ymddengys rhai fel dŵr o'r graig.

Wedi cyrraedd y bumed lefel byddwch ar lecyn agored, a dyna esgus am hoe i gael eich gwynt atoch a chyfle i syllu dros y dyffryn. Un anfantais o fynd a'r plant am dro, roeddynt fel geifr ar grwydr. Tynerodd haul yr hwyr liwiau'r llethrau yn llwydlas a brown golau melfedaidd.

Dyna ddiwedd ar y grisiau; rydym erbyn hyn uwchlaw'r chwarel ar gyrion uchaf y goedwig. Trowch i'r dde i gyfeiriad creithiau Dinorwig ar lethr Elidir. Does fawr o ymyraeth dyn yma ar y topiau, mae yna fymryn mwy o bridd a chysgod gwynt, rhagorach amrywiaeth o goed, llwyni grug a llus wrth y fil, a charped hudolus o lystyfiant yn britho'r llawr — briallu, blodyn y gwynt, bara'r gog a llygad Ebrill yn y gwanwyn cynnar, yna clychau'r gog, teim, eurinllys a'r gliniogai cyffredin. Mae'n rhyfedd fel y darganfydda ambell i blanhigyn gynefin sydd wrth ei fodd ac ymgartrefu a lluosi. Rhyw ddiferion yma ac acw a welais o'r gliniogai yn Nyffryn Nantlle, ond yma fe dyf yn lluosog i wirioni rhywun â'i harddwch eiddil. Yn y gwanwyn diweddar fe bortha lindys y gwyfyn wmber brych yn awchus ar ddail y dderwen nes rhidyllu ei gwisg. Diolch byth bod bwytäwr i bob bwytäwr ac y daw'r gnocell fraith i'w sglaffio hwythau yn eu tro.

Toc daw Llyn Peris a'r Nant i'r golwg wrth inni ddal ar i waered. I lawr y grisiau a dyma ni wrth farics y Drenewydd. Chwiliwch am yr enwau a'r dyddiadau a gerfiwyd ar y muriau a dychmygwch aros yma drwy'r wythnos wedi llafur hir y gwaith, treulio'r nosau yn cerfio gwyntyll o lechi tenau fel sidan, gwneud ffyn, darllen, sgwrsio, a cheisio cysgu ymysg y chwain yn y cytiau diaddurn. Dychmygwch ryferthwy'r gwynt a'r glawogydd gefn trymedd gaeaf . . .

Rhodiodd dwy wraig radlon i lawr yr inclên tuag atom, wedi crwydro o Ddinorwig i hel priciau tân, a dyna sgwrs hynod ddifyr am hen ddyddiau'r chwarel, peryglon crwydro'r mannau anghysbell heddiw, a'r hyn a'm plesiodd yn fawr, sôn am fathau o degeirian a'r frân goesgoch yr arferent eu gweld yn y cyffiniau. Sgwrs gartrefol, naturiol gyda dieithriaid hollol, ond wedi cysidro, tydi pobl cefn gwlad ddim yn ddiarth i'w gilydd.

Mae'n werth dringo'r inclên anferth sy'n hollti'r tomennydd ym mhen pella'r barics. Wedi esgyn at y siediau, gwelwch lwybr ar y dde sy'n eich tywys drwy'r chwarel i Nant Peris — rhyw ddiwrnod arall efallai. Yn hytrach, ewch i ben y domen i sawru golyga fendigedig sy'n llawn werth yr ymdrech: dycnwch y chwarelwr a chwysodd i gynaeafu'r garreg las a chreu'r fath labyrinth a dyfeisgarwch y dechnoleg fodern yng Ngorsaf Drydan Dinorwig. Chwyrnellai'r dyfroedd o Lyn Marchlyn drwy'r pibellau oddi tanom i droi'r twrbinau yng nghrombil y mynydd.

Peris a Phadarn mewn heddwch di-stŵr. Ar y bala rhyngddynt gastell Dolbadarn fu ers saith canrif yn ddistaw wylio'r ysgarmesoedd gorffwyll rhwng brodyr, y ffrwydriadau'n diasbedain ar y clogwyni a grwndi'r tyrchod daear o beiriannau . . . Mawredd mud y mynyddoedd o'r ddwy Elidir heibio'r Glyderau, drosodd at yr Wyddfa, Moel Cynghorion a Moel Eilio.

> Fynyddoedd llwyd a gofiwch chi,
> helyntion pell y dyddiau gynt?
> (I.C. Peate)

Daeth y plant â mi'n ôl o'm synfyfyrion, ar dân gwyllt eisiau rhedeg i lawr yr inclên at y Llwybr Main. Er na welson nhw mo'u taid o chwarelwr, gobeithiaf bod y chwarel a'i phobl yn cynhesu eu gwaed hwythau. Llwybr igam-ogam drwy'r domen ydyw gyda'r waliau uchel yn gysgod bendithiol wrth droedio o'r pentra i'r chwarel ar lasiad y dydd. Roedd angen y seddau oerion bob hyn a hyn ar aml i bererin silicosaidd. Erbyn hyn roedd y machlud yn euro'r llechi a thawelwch cysglyd wedi disgyn dros bentref Llanberis ar ôl i'r bloeddio o'r cae pêl-droed dewi.

A dyma ni'n ôl ar lan yr afon wedi crwydro uwchlaw'r byd a'i drybini am sbel.

Mae'n debyg i mi ganolbwyntio ar y planhigion ar y daith, ond cofiwch bod digonedd o adar ac anifeiliaid yn cartrefu yn y goedwig. Caiff y wiwer lwyd, llwynog, cwningen, llug a llygoden y maes ymborth a noddfa yma, ond nid oes sicrwydd y gwelwch yr un ohonynt gan mai yn ystod oriau'r tywyllwch yr aiff llawer ar drafel. Rhaid ceisio troedio heb wneud yr un smic o sŵn i weld yr adar hefyd er yn hawdd eu clywed. Gwelir teloriaid y coed, ji-binc, titw, gwybedog mannog, cnocell, dringwr bach, a'r cudyll a'r boda yn deor gwae uwchben.

Piciwch draw i'r ysbyty cyn mynd adref, mae digon i'w weld yno o hanes yr ysbyty i'r arddangosfa o fywyd Parc Padarn. Wrth fwynhau eich paned haeddianol ystyriwch mor ffodus ydym bod cynefinoedd fel hyn ar gael o hyd i ni eu mwynhau.

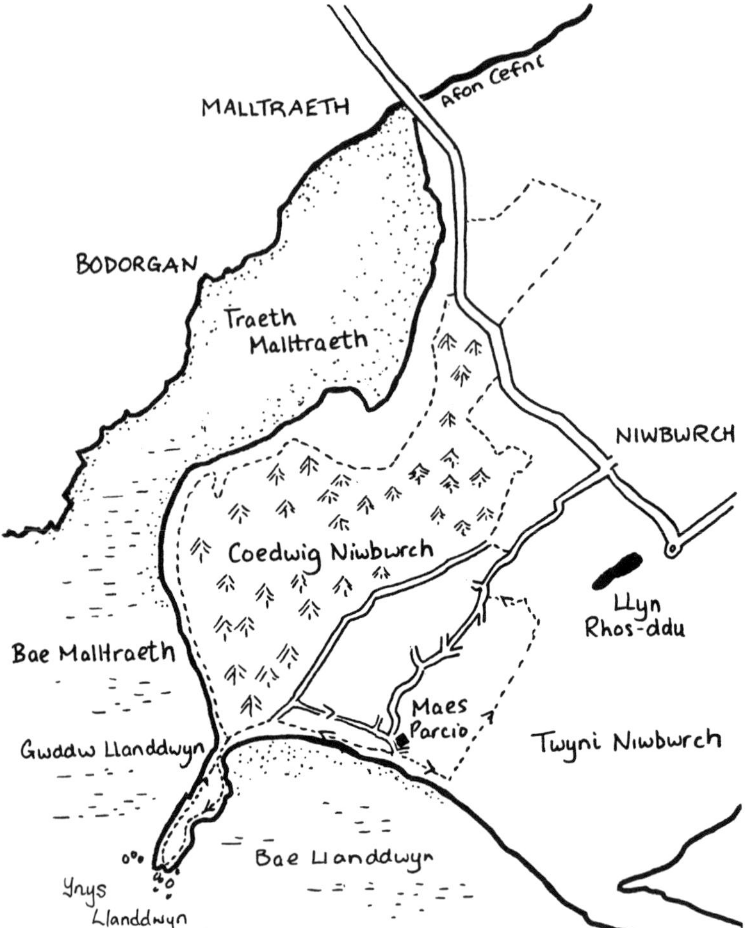
Afon Cefni
MALLTRAETH
BODORGAN
Traeth Malltraeth
NIWBWRCH
Coedwig Niwbwrch
Llyn Rhos-ddu
Bae Malltraeth
Maes Parcio
Twyni Niwbwrch
Gwddw Llanddwyn
Bae Llanddwyn
Ynys Llanddwyn

11. Twyni Niwbwrch ac Ynys Llanddwyn

Hyd: 12k/7m
Dringo: 10m/30'
Amser: 3 awr
Ansawdd: Llwybrau hawdd eu dilyn

Man cychwyn: SH 405634
Maes parcio Llanddwyn

Y Twyni

Chwe diwrnod wedi dydd Gŵyl y Santes Dwynwen yr aethom am dro, gan feddwl cerdded i Landdwyn, y plant wedi cael yr hanes yn yr ysgol ac yn swnian am gael mynd yno i weld drostynt eu hunain. Roedd hi'n fore bendigedig o braf, yr awyr cyn lased â'r môr, ond y rhew ar ochrau'r ffyrdd yn atgoffa rhywun mai'r dydd olaf o Ionawr oedd hi. Gadawsom y car i aros yn unigedd y maes parcio a cherdded trwy'r bwlch yn y twyni tua'r traeth.

Ysywaeth, daeth sŵn tonnau'n tabyrddu i'n cyfarfod, a wir i chi, roedd llanw tra uchel yn llyfu gwaelodion y twyni. Nid yw'n bosibl i'r un enaid byw gyrraedd Llanddwyn heb gwch, pan gyferfydd tonnau'r ddau fae, Llanddwyn a Malltraeth, a throi'r penrhyn yn ynys. Mae'n talu cadw llygaid ar y llanw pan fyddwch ar Landdwyn rhag ofn yr ynysir chwi am oriau bwygilydd yng nghwmni Dwynwen a'i hadar.

Troi'n trwynau tua'r chwith wnaethom felly i gyfeiriad Abermenai a cherdded ar y twyni fel pe baech ar *Big Dipper* mewn ffair. Cyrhaedda'r goedwig o fewn tafliad mochyn coed i'r môr yma, fel ag y gwna i gyfeiriad Llanddwyn, sy'n gymorth dirfawr i sefydlogi'r twyni. Rhos Fair oedd enw gwreiddiol y fan yma. Gorfodwyd trigolion hen dref Llanfaes i symud yma i dref newydd — *New-borough* — pan adeiladwyd castell Biwmares ar ddiwedd y drydedd ganrif ar ddeg. Datblygodd cymuned amaethyddol lewyrchus yma, a daeth Abermenai gerllaw yn lanfa bwysig. Ond

Llanddwyn

wrth i'r amaethu ledaenu fe gliriwyd mwy a mwy o'r coed, a phan ddaeth stormydd gerwin yn ystod y bedwaredd ganrif ar ddeg fe chwythwyd tywod dros ran helaeth o'r tir. Heb gysgod ac angorfa'r coed doedd dim i'w atal rhag byseddu'n llechwraidd ymhellach i'r tir. Tagwyd y lanfa yr un pryd ac felly yr erys hyd heddiw. Daeth coed yma eto, ond conwydd estron yn hytrach na'r hen frodorion collddail. Gwelir olion rhai hen anedd-dai yma ac acw yn y coed.

Toc fe ddown at ffin y goedwig ac i olwg y twyni sy'n ymestyn draw hyd Draeth Melynog. Mae'r moresg a marchwellt arfor yn dyfiant nodweddiadol o dwyni cyffelyb. Gwnaed ymdrech i blannu moresg yn ystod teyrnasiad Elizabeth I i geisio sefydlogi'r twyni ac arbed rhagor o dir amaethyddol rhag ei ddifetha. Wedi iddo ennill ei blwy datblygodd gwaith nyddu'r moresg yn Niwbwrch a'r cyffiniau gan wneud matiau, rhaffau, basgedi ac ysgubau. Bu rhai'n parhau i ddilyn y grefft tan yn gymharol ddiweddar.

Wrth gerdded yn gyfochrog â ffin y goedwig cawn gyfle i sylwi ar y newid graddol yn natur y twyni a'r tyfiant arnynt wrth ymbelláu o'r môr. Cymysgedd o dywod melyn rhydd a thwmpathau o foresg yma a thraw yn ceisio eu clymu a'u tawelu a geir gyntaf.

Dyma'r twyni melyn, ansefydlog, rhai chwit-chwat yn newid efo'r gwynt. Parheir â'r ymgais i'w llonyddu drwy blannu moresg a gosod ffensiau yma ac acw. Prin felly yw'r amrywiaeth o blanhigion, dim ond yr ychydig gwydn all wrthsefyll y gwyntoedd a chladdedigaeth dirybudd y tywod, fel llaethlys y môr a thywodlys arfor.

Fe wastata'r twyni bob yn dipyn gan ddod yn fwy sefydlog ac felly'n fwy tebol i gynnal gorchudd mwy trwchus o lystyfiant. Gelwir y rhain yn dwyni llwydion oherwydd parodrwydd cen llwyd i gartrefu yma. Cyll y moresg ei le i'r peisgwellt coch a hesg y tywod. Ymhen amser bydd digon o hwmws wedi treiddio i'r pridd i'w gyfoethogi a galluogi planhigion tynerach i fagu gwreiddiau (gweler y rhestr).

Yn raddol, datblyga glaswelltir sefydlog, llwyni eithin a grug ac yna coedwig. Dyma lle daw dyn i ymyrryd â'r drefn gan wthio'r tir pori yn nes at y môr, a phur anaml y gwelir datblygiad naturiol yn ei grynswth. A chofiwch mai brau iawn yw'r sefydlogrwydd ymddangosiadol; gall gwyntoedd cryfion yrru'r tywod ar ddisberod eto a dadwneud degawdau o ddatblygu. Bu cyfnod pan nad oedd fawr o gwningod ar y twyni yn dilyn y pla dychrynllyd, *myxomatosis*, a rhoddodd hynny gyfle i lwyni o goed sefydlu; chai fawr ddim gyfle i dyfu'n uchel pan borai'r miloedd yma.

Gallech gerdded ymlaen i gyfeiriad Niwbwrch ac un ai troi i'r chwith i ddod allan ger yr eglwys neu fynd yn syth ymlaen heibio Llyn Rhos-ddu ac allan i'r ffordd wrth y cylchdro ym Mhen-lôn. Troi i'r chwith eto wnaethom ni trwy fwlch yn y coed at ffordd bridd lydan. Cawn gyfle yn awr i sawru'r cyferbyniad rhwng y twyni agored a chysgod y pinwydd trwchus. Welwch chi fawr o dyfiant ar lawr ac eithrio mwsog ac ambell dusw o redyn. Fe ychwanegir at y trwch o ddail a mân frigau ar lawr gydol y flwyddyn gan ei gwneud hi'n anodd iawn i dyfiant newydd ffynnu. Teimlem newid sydyn yn y tymheredd unwaith yr aethom o lygad yr haul.

Pinwydd Corsica yw'r rhan helaethaf o'r coed, yn ymestyn dros 2000 o aceri bellach ers sefydlu'r goedwig yn 1948 gan y Comisiwn Coedwigaeth. Troediwch yn ddistaw fel llygoden a hwyrach y gwelwch wiwer lwyd yn ei heglu hi ar draws y llwybr neu rai o'r llu adar a glywch yn telori yn y canghennau.

Wedi cyrraedd y ffordd a chychwyn yn ôl am y maes parcio cewch gyfle i astudio rhai o'r planhigion a dyf ar y tir agored o boptu. Mae'n olygfa rýfeddol ganol haf pan flodeua'r banadl, helyglys hardd, glas y graean a melyn yr hwyr gan ffurfio tapestri amryliw, hudolus. Yn wir, gallech dreulio orig ddifyr o gwmpas y maes parcio yn unig i chwilota am flodau.

Fe gymerodd y daith rhyw awr a hanner o gerdded eitha cymhedrol efo'r plant, ond byddai angen ychwaneg o amser pan fyddai'r llystyfiant ar ei orau. Roedd blas ar y brechdanau a'r ffrwythau amser cinio yng nghwmni ji-binc a bronfraith go ddigywilydd yn begera.

Rhai o'r planhigion a welir:

a) Twyni ansefydlog
Llaethlys y môr — *Euphorbia paralias;*
Clust llygoden — *Hieracium pilosella;*
Rhonwellt y tywyn — *Phileum arenarium;*
Tywodlys arfor — *Honkerya peploides;*
Moresg — *Amophitia arenaria;*
Marchwellt arfor — *Agropyron pungens.*

b) Twyni sefydlog
Clustog Mair — *Armenia maritima*
Teim gwyllt — *Thymus drucei*
Tegeirian bera — *Anacamptis pyramidalis*
Briwydden felen — *Galium vernum*
Tresgl y moch — *Potentilla erecta*
Tormaen gwyn — *Saxifraga granulata*
Glas y graean — *Echium vulgare*
Melyn yr hwyr — *Oenothera biennis*
Peisgwellt coch — *Festuca rubra*
Hesg y tywod — *Carex arenia*

Ynys Llanddwyn

Erbyn y prynhawn, fe giliodd y tonnau ac felly draw â ni hyd ehangder y traeth tua Llanddwyn. Bydd y plant wrth eu boddau yn casglu gwahanol gregyn, gan loffa yma a thraw a chael llygad maharen, gwichiad y gwymon neu gyllell fôr. Dro arall yn dod ar draws cragen fregus cranc y traeth, neu bwrs y fôr-forwyn, a'r trysor pennaf ganddynt fydd gwalc ddi-fefl. Ceir amrywiaeth eang o wymon yma hefyd ac os crwydrwch ar y creigiau rhwng y ddau fae, chwiliwch am redyn bychan, brau, duegredynen arfor, a'r cen oren — *anthoria parietina.*

Saif nifer o greigiau gwyrdd a phiws creithiog, fel cestyll adfeiliedig, yng nghanol y tywod, sydd ymysg creigiau hynaf Cymru, yn dyddio o'r cyfnod cyn-Gambraidd.

Sawl storm dorrodd drostynt tybed? Sawl llong mewn trybini wyliasant yn fud? Daw rhyw hiraeth anesboniadwy drosof weithiau wrth geisio amgyffred treigl y canrifoedd:

> Fel ewyn ton a dyrr ar draethell unig,
> Fel cân y gwynt lle nid oes glust a glyw,
> Mi wn eu bod yn galw'n ofer arnom
> Hen bethau anghofiedig dynol ryw.
>
> (Waldo)

Erys gwledd i'r synhwyrau o'n blaenau wrth gerdded tua phen pella'r trwyn, ffresni tyfiant ifanc y gwanwyn, aeddfedrwydd cynnes y rhedyn a'r eithin ar bnawn o haf, lliwiau machlud tanbaid yr hydref ac awyrgylch gysglyd y gaeaf yn aros y deffro cyfarwydd, gyfareddol. 'Marw i fyw mae'r haf o hyd.'

Ewch i fyny'r grisiau ar y chwith tu cefn i'r hysbysfwrdd ar lwybr nadreddog yn esgyn a disgyn drwy'r eithin, rhedyn a mieri. Cewch olygfa dda o'r cilfachau cysgodol a'r creigiau geirwon. A draw dros y môr a'r Fenai cwyd y mynyddoedd gwarcheidiol o'r Eifl heibio'r Wyddfa a'r Carneddau tua Phenmaenmawr.

Tyf llawer o blanhigion eitha cyffredin yma ond yn doreithiog mewn cymhariaeth â phorfeydd mynyddig a thir amaethyddol llawr gwlad. Caiff pob adyn chwarae teg yma, heb na dafad na buwch i'w bori a'i sathru a heb unrhyw chwistrelliad angheuol o chwynladdwyr. Nefoedd i blanhigion yw gwarchodfa fel hon, a nefoedd ar y ddaear i bob naturiaethwr, debygwn i. Nefoedd o le i naturiaethwyr porcyn y blynyddoedd diwethaf yma hefyd, meddan nhw ynte, welais i yr un eto! Gwelais ddigonedd o bys y ceirw, teim gwyllt, clustog Fair, a thresgl y moch, fodd bynnag. Os dowch ar eich hynt yn y gwanwyn fe welwch seren y gwanwyn yn garped glas golau yma, planhigyn eitha prin yng ngogledd Cymru. Wrth droi cornel o'r llwybr daw'r pen pellaf o'r penrhyn i'r golwg, golygfa syfrdanol. Ynys o graig a'i bilidowcars yn teyrnasu arni, y goleudy'n gannaid, amlinell croes Dwynwen ar las y nen, gweddillion ei heglwys yn swatio yn y pant a bae bach perffaith oddi tanoch. Gweld sbarion cinio y deryn du ar garreg, cragen doredig malwen. Dringo llethr mwy creigiog ac yna'r grug sydd frenin yn ei borffor. Deuwn at y llwybr canol wrth y groes Geltaidd â'r englyn hwn arni i ni ddwys ystyried ein byrhoedl yng ngŵydd y creigiau arhosol:

> Yma y mae ein tremmyn ni'n tri — yn gorwedd
>   Dan ddaear yn ddifri,
>   Tithau yn ddiau a ddeui
> I'r un man lle'r ydym ni.

Wedi cyrraedd Tai'r Peilotiaid piciwch i mewn i weld yr arddangosfa o fywyd gwyllt a'r hen ddodrefn. Cwyd y ddau dŵr ar y penrhynau i'n hatgoffa fod creigiau fel dannedd draig yn barod i rwygo llongau'n grybibion.

Aethom draw at y tŵr lleiaf ar y chwith i gael hoe a phaned. Braf oedd cael eistedd a mwynhau cynhesrwydd yr haul ar ein gruddiau. Daeth sŵn llesmeiriol tonnau'n taro'r creigiau i'n clyw, brysiodd sgwadron o hwyaid heibio a glanio fel pe ar orchymyn arweinydd i nofio'n gytûn. Eisteddasom ar gerrig oedd bron o'r golwg dan orchudd o fwsog a chen llwyd-wyrdd ac oren a bonion clustog Fair yn argoeli gwledd o liw yn yr haf. Fel y cilia'r tonnau ymgoda'r creigiau'n dduon i wahodd yr adar arnynt, pïod y môr yn gwichian yn stwrllyd a'r bilidowcars mud, llonydd, anodd iawn eu gweld heblaw pan drwsient eu plu neu ysgwyd adenydd cyn setlo drachefn ar eu harsyllfeydd.

Ond nid erys amser a llanw. Felly gwell oedd ei chychwyn hi am yr ochr arall at y goleudy sydd bellach yn arsyllfa gan yr R.S.P.B. a chyfle arall i wylio'r adar drwy'r sbieinddrych.

Welwch chi fawr o flodau yma yn ystod y gaeaf ond mae'n debyg mai dyma'r tymor gorau i weld rhai o adar y môr a'r glannau. Muda'r gylfinir, cornchwiglen a phibydd y mawn yn heidiau o'u hafotai ar y mynydd i'w hendre ar lan y môr. Bydd pioden y môr a'r pibydd coesgoch i'w weld yn pigo ar y traeth, a hwyaid, môr wenoliaid a gwylanod ar y tonnau. Ar y creigiau o'n blaenau gwelwch y bilidowcars a'r fulfran yn sefyll fel milwyr ar wyliadwriaeth, yn barod i godi a gwibio o fewn trwch blewyn i'r ewyn ar sgawt am bryd blasus. Wrth syllu tua Bae Malltraeth fe welwch ôl nerthoedd terfysgoedd ieuenctid y byd yn gwasgu'r creigiau ar graig goch ynys fechan. Chwiliwch am yr amryw o blanhigion arfor a ddaw i'r amlwg yma, wedi addasu eu hunain i wrthsefyll drycinoedd y glannau ac i sugno a chadw lleithder cyn iddo ddiflannu i'r tywod. Mae digon o gynefinoedd gwahanol yma, yn dywod, creigiau, tir gwlyb a phonciau sych i sicrhau amrywiaeth eang (gweler y rhestr).

Mae'n bryd i ni gychwyn yn ôl, gan gadw ar ochr Bae Malltraeth; fe welwch fwy ar y llwybrau bob ochr na'r un canol sydd allan o olwg y môr. Mae'n werth dringo at groes Dwynwen i dalu gwrogaeth i nawddsantes cariadon Cymru. Yn anffodus, geiriau Saesneg yn unig sydd arni, fe'i codwyd yn 1879 gan F.G. Wynne, perchennog yr ynys, i ddathlu jiwbili y frenhines Victoria. Gwell gen i oedi wrth adfeilion yr eglwys islaw'r groes, Llanddwynwen.

Tua phedair canrif yw oed yr eglwys, ond bu adeilad o fath yma ers y bumed ganrif pan gysegrwyd yr eglwys gyntaf i Ddwynwen.

Merch i Frychan, brenin Brycheiniog oedd hi. Cyfarfu â Maelon Dafodrill, tywysog ifanc, golygus, mewn gwledd a syrthiodd y ddau mewn cariad â'i gilydd. Ond yn ol arfer yr amser trefnwyd iddi briodi tywysog arall gan ei thad. Gwrthododd hithau ddianc gyda Maelon a thorrodd ei chalon o ofid serch. Mewn breuddwyd, cafodd y ddau ddiod gan angel ac fe drowyd Maelon yn lwmp o rew. Cafodd Dwynwen dri dymuniad gan yr angel, a'r cyntaf oedd i Faelon gael ei ddadmer. Yn ail, dymunai gael bod yn nawddsantes cariadon ac yn drydydd fod heb gariad ei hun byth eto. Penderfynodd fod yn lleian a sefydlodd eglwys yma yn Llanddwynwen. Dywedir y gall cariadon gael dymuniad eu serch trwy roi pin mewn corcyn a'i daflu i'r ffynnon a gofyn am gymorth Dwynwen. Coeliwch hi neu beidio, mae'n stori bach ramantus, yn tydi.

Codwyd ffens o gwmpas llain o dir ychydig yn nes ymlaen lle bu sefydliad Ecoleg Tir y Cyngor Gwarchod Natur yn ymchwilio i ffordd o fyw ac arferion pori defaid cyntefig, Soay. Dyma un o'r bridiau olaf o ddefaid cyntefig a oroesodd o'r cyfnod Neolithig heb fawr o newid. Mae rhai i'w cael yn y gwyllt ar Ynys St. Kilda yng ngorllewin yr Alban. Edrychant yn debyg i eifr o bell, gyda'u gwlân hir, brown, a'u cyrn cryfion a thro at allan iddynt.

Fe ddowch at y llwybr canol yn awr a digonedd o flodau i'w gweld yn yr haf cyn cyrraedd yn ôl i'r traeth. I arbed troedio yr un llwybr yn ôl ewch trwy'r bwlch yn y twyni rhyw ddau can llath wedi troi ar hyd y traeth, a gallwch gerdded trwy'r coed yn ôl at y maes parcio, gan gofio troi i'r dde, neu fe ddeuech allan yn Niwbwrch! Nodwyd rhodfeydd difyr o filltir a dwy filltir a hanner drwyddynt gan y Comisiwn Coedwigaeth, ni fanylaf yma gan i mi eisoes grwydro'r coed tu draw.

Oedwch yn y tangnefedd tawel ar brynhawn o aeaf fel y gwnaethom ni, i weld yr haul yn suddo'n belen eirias dros benrhyn Llŷn, mynyddoedd yr Eifl yn borffor dywyll, a'r eira'n eisin pinc ar gopaon Eryri. Pa ryfedd i Dwynwen hoffi'r lle, ni ellid cael amgenach hafan i encilio a myfyrio.

> Gwrida'r môr yn borffor byw . .
> Wrth roi ffarwel i'r heli
> Gwaeda'n llesg i don y lli.
>
> (J.J. Williams)

Rhai o'r planhigion a welir ar benrhyn Llanddwyn:
Pig y creyr — *Erodium cicutarium*
Pig yr aran waedlyd — *Geranium sanguineum*
Tagaradr — *Onosis spinosa*
Byddon chwerw — *Eupatorium cannabinum*
Ffenigl aur — *Inula crithmoides*
Ffenigl y môr — *Crithmum maritimum*
Lafant y môr — *Limonium binervosum*
Y gynghafog arfor — *Calystegia soldanella*
Seren y gwanwyn — *Scilla verna*
Camrhi coch y môr — *Centaurium littorella*
Pys y ceirw — *Lotus corniculatus*
Dduegredynen arfor — *Asplenium marinum*

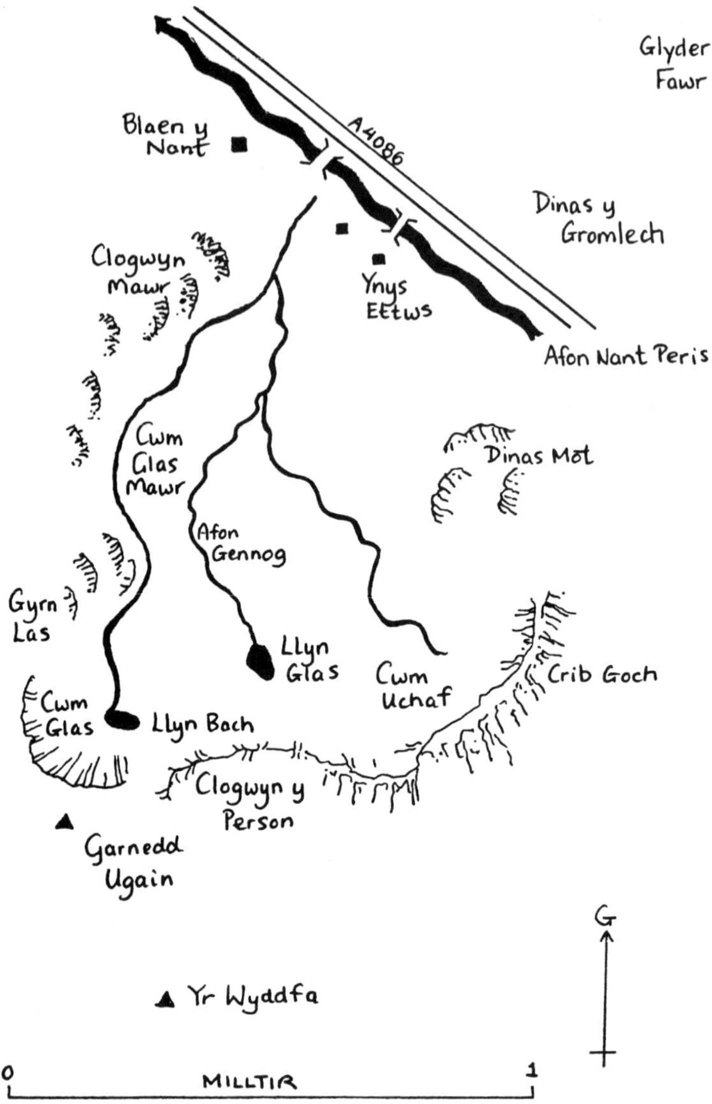

Glyder Fawr
Blaen y Nant
A4086
Dinas y Gromlech
Clogwyn Mawr
Ynys Ettws
Afon Nant Peris
Cwm Glas Mawr
Dinas Mot
Afon Gennog
Gyrn Las
Llyn Glas
Cwm Uchaf
Crib Goch
Cwm Glas
Llyn Bach
Clogwyn y Person
Garnedd Ugain
G
Yr Wyddfa
0
MILLTIR
1

12. O'r Nant i'r Nef

Hyd: 3k/2m
Dringo: 440m/1400'
Amser: 2-3 awr
Ansawdd: Dringo caled, llwybr yn amrywio — gwair, gwlyb, creigiog, sgri — angen profiad

Man cychwyn: SH 623570

Mae prinder o leoedd gwir wyllt, cynefinoedd hollol naturiol heb olion dylanwad dyn a'i anifeiliaid arnynt bellach. Er i fannau arbennig fel Cwm Idwal a Choedydd Aber gael eu clustnodi fel lleoedd i'w gwarchod oherwydd eu hynodrwydd a'u pwysigrwydd gwyddonol, nid ydynt yn gwbl naturiol. Aiff yn anoddach felly i gilio i rywle lle na welir ôl llaw na throed dyn. Byddai'n rhaid mynd i wledydd eraill mae'n debyg i gael y profiad yn ei gyfanrwydd.

Ond mae yna ambell i fangre lle gallaf ymgilio, lle gallaf ymbwyllo, ymlacio a phrofi'r unigrwydd cyntefig, prin. Eironi'r sefyllfa yw os enwaf hwynt i gyd, byddwch chwithau'n debyg o fynd yno, ac ni fyddant yn leoedd unig wedyn! Ar y llaw arall, os ydw i'n gwirioni ar le arbennig, oni ddyliwn rannu'r pleser? Mewn gwlad fechan fel Cymru mae'r unigeddau mwyaf anghysbell o reidrwydd felly yn gymharol agos at dŷ neu dyddyn, ffordd neu lwybr, dafad neu ddyn. Mae'n wir hefyd nad yw cyrchfan y daith olaf yma, Cwm Glas, heb ei ymwelwyr — mae'r llwybr yn dystiolaeth o hynny; ond chewch chi ddim mo'r cannoedd a'r miloedd yn morgruga fel ar brif lwybrau'r Wyddfa. Does na ddim cymaint â hynny yn troedio tua'r nefoedd y dyddiau yma! Felly bydd gennych siawns go lew o gael seibiant heb yr un enaid byw o gwmpas.

Taith gymharol fer fydd hi, ond yr anoddaf o bosib, gyda dringo eitha serth mewn mannau yn gofyn am brofiad o gerdded y llwybrau geirwon, ac angen bod yn weddol ffit cyn mentro arni. Gyda hynna o rybudd beth am gychwyn dringo tua'r nefoedd? Dewch i fyd arall, diamser, di-stŵr, lle nad yw brys gwyllt

Cwm Glas

heddiw'n bod, dim ond hirhoedledd y creigiau i ddod â ni at ein pwyll.

Mae gennych sawl dewis o ffyrdd i gyrraedd y man cychwyn. Gadael eich car ym maes parcio'r Parc Cenedlaethol yn Nant Peris a cherdded i fyny'r dyffryn, gobeithio cyrraedd cyn yr heidiau o ddringwyr at un o'r ddau le parcio ar ochr y ffordd ychydig islaw, cymryd y bws Sherpa o Lanberis neu Ben-y-gwryd, neu gyrraedd ar eich beic.

Wrth groesi'r bont dros afon Nant Peris sylwch ar y creigiau anferth yn yr afon, wedi drybowndian i lawr y llethrau ryw oes a fu. Mae'n werth cael cipolwg o gwmpas cyn cychwyn a dweud y gwir, edrych i fyny cyn cael cyfle i edrych i lawr ar y byd ymhen awr neu ddwy. Y dyffryn cul a'i glogwyni serth, a'u lliwiau'n newid efo'r tywydd, ychydig o goed drain cnotiog wrth yr afon, moelni a gerwinder heb fawr o borfa a'r cloddiau llwydion, cysgodol. Tywyll a bygythiol ynteu gwarcheidiol yw'r clogwyni yn eich golwg chi?

Gweiriau, rhedyn, brwyn a mwsogl yw'r tyfiant amlwg a welwn, ond o graffu a chwiliota'n amyneddgar, siawns na welwn nifer go lew o blanhigion blodeuog, rhai ohonynt o bosib yn eithaf dethol eu cynefin ac yn brin — y planhigion Alpaidd. Pythefnos yn ôl buom yn cerdded ar rai o fynyddoedd y Swistir, fis Gorffennaf, ynghanol ysblander lliwgar, blodeuog. Nid oedd raid chwilota ryw lawer yno, roedd y lliwiau yn feddwol, fel darlun Van Gogh a'r paent wedi ei blastro yn dew ar y canfas. Yn yr Alpau, wrth reswm, tir cymharol isel sydd o gwmpas y mil metrau a'r tyfiant yn doreithiog ac amrywiol yn y gweirgloddiau, a'r porfeydd mynyddig yn ymestyn yn llawer uwch wedyn. Cael gwefr o weld amryw o blanhigion prin Eryri ond nid mor brin yno, hyd yn oed lili'r Wyddfa. Go foel ac unlliw yw llethrau Eryri o'u cymharu, yn enwedig wrth nesu at y mil metrau, ond mae yna liwiau, er i'r artist fod yn fwy crintachlyd â'i baent. Diflannodd rhan helaeth o'n hamrywiaeth cynhenid o blanhigion o'n gweirgloddiau o ganlyniad i ddulliau amaethu gyda gormod o bwyslais ar elw. Pleser oedd clywed yn ddiweddar fod rhan o lethrau'r Bwlch Mawr wedi ei ddiogelu i roi rhwydd hynt i'r hen blanhigion ffynnu.

Awn dros y gamfa ac i'r dde dros bont arall i gychwyn y dringo. Eisoes boddodd sŵn balmaidd dŵr prysur ruthr y trafnidiaeth. Mae yna gae gwersylla ar y chwith, a dacw gwpwl ifanc tu allan i'w pabell yn clirio ar ôl brecwast hwyr. Golchi llestri yn yr afon, llnau dannedd yng nghanol cae, profiadau cyfarwydd. Yna dyma'r llanc yn dechrau cribo gwallt browngoch, tonnog llaes y ferch. Doeddwn i ddim eisiau rhythu, ond fe'm trawyd gan brydferthwch y foment.

Welwch chi'r llecyn gwlyb amlwg ar y dde, gyda'i dwmpathau mawr o fwsog gwyrdd-felyn? Ar eu hymylon chwys yr haul a'u dail bach eiddil yr olwg, ond gyda'u tafodau gludiog yn aros am ysglyfaeth. Ac ynghanol y mwsog, y cyntaf o'r blodau Alpaidd a'r mwyaf cyffredin, ond nid yn llai hardd oherwydd hynny. Nifer o glystyrau o'r tormaen serennog, y dail danheddog yn glòs o gwmpas y coesau, a'r blodau gwynion, glân. Diddorol yw tarddiad yr enw. Tyf y planhigyn yn aml lle casglodd ychydig bridd mewn hollt ac felly y tyfodd y gred mai'r planhigyn bychan oedd yn gyfrifol am hollti'r graig.

Wrth ddringo'r llethr cyntaf yma fe grwydrais ychydig oddi ar y llwybr i chwilota, yn enwedig yn y llecynnau tamp a chysgodol wrth yr afon. Chwilio am gysgod fyddech chitha petaech yn byw yma! Ac yr oeddynt yno; bychan a di-nod ar yr olwg gyntaf, ond arhoswch a phenliniwch. Glas golau llysiau Crist, melyn tresgl y moch, blodyn pitw bach ond eithriadol hardd llygad siriol, piws cyfoethog ac arogl hyfryd teim gwyllt; ac yna dail melyn tafod y gors, planhigyn cigysol arall yn gwledda ar bryfetach oherwydd diffyg maeth y pridd, clychlys deilgrwn yn dawnsio, ac un o'm ffefrynnau, sy'n tyfu mewn aml i gynefin, bysedd y cŵn. Ydyn, maen nhw yma, er gerwinder hinsawdd eu cynefin.

Dyma ddod at raeadr bach, a choed ynn a drain yn plygu eu pennau drosto, a'r dŵr yn plygu fel gwydr newydd ei chwythu.

Dyma rai o sylwadau un o'r teithwyr cynnar, A.C. Ramsey, yn 1852:

> Mae marian derfynol ar draws y cwm rhwng y ddwy ffrwd, fel clawdd pridd.

Yn uwch ar yr ochr orllewinol mae strata y graig yn rhedeg i'r G.G. Ddwyrain dan ble rowliai'r rhewlif yn rhaeadr araf dros y clogwyn. Tri llinyn arian o ddŵr sydd ar ôl.

Mae llethr serth, ond hawdd ei ddringo, tu draw i'r creigiau i'r cwm gwylltaf yng Nghymru. Ychydig sy'n crwydro yno. Mae clogwyni uchel ar dair ochr a dau lyn bychan, tyfn, clir, tua 2200' uwchlaw'r môr.

Rhwng y llynnoedd a'r clogwyni, gwaddodion y mariannau o'r Grib Goch. Creigiau wedi eu llyfnhau a rhigolau tyfnion ynddynt.

Diolch i'r nefoedd, does yna fawr ddim wedi newid!

Wedi cael hyd i'r llwybr eto ac anelu at y bwlch yn y clawdd y sylweddolais mor serth yw'r llwybr ac mor fychan yw'r tegannau *Dinky* ar y ffordd.

Pan wastata'r llwybr peidiwch â meddwl i chi gyrraedd pen y daith, hanner ffordd yn unig yw hyn. Dyma Gwm Glas Mawr, llecyn hyfryd iawn, ond mae gwell eto i ddod, a'r dringo anoddaf o'n blaenau. Mae yna beth tir corsiog yma, mi ddyffeia' i unrhyw un ohonoch i gwblhau'r daith a chadw eich traed yn sych. Dacw faneri plu'r gweunydd yn siglo ar yr awel, mwy eto o chwys yr haul a digonedd o fwsog. Dyrchafwch eich llygaid tua'r mynyddoedd, a'r hanner cylch o graig anferth, welwch chi'r ddwy ffrwd lliw llefrith yn arllwys o'r cwm uchaf, anelwch am y chwith ohonynt, gyda'r enw addas, afon Gennog. Does fawr o arwydd llwybr i ddechrau; ar y tir gweddol wastad ceisiwch gadw at y mannau sychaf, ac nid yw'r llwybr yn glir wrth ddechrau dringo ond mae'n hawdd gweld y graith ar y sgri wrth ochr yr afon. Ymddengys rhai llethrau yn amhosib o serth i'w cerdded o hirbell, ond unwaith y nesawch atynt buan y gwelwch nad yw pethau cynddrwg ag y tybiasoch. Mae'r un peth yn wir wrth edrych ar y Grib Goch o gopa'r Wyddfa a sawl crib ddanheddog arall. Ewch i wynebu anhawsterau ac fel arfer ni fyddant hanner cyn waethed â'r meddwl amdanynt. Gwair a cherrig, mwsog, corn carw sy'n brithio'r llethr. Yna daw'r dringo llafurus, gofalus, gyda sawl saib i gogio edmygu'r olygfa, a bwrlwm yr afon yn eich clyw yn barhaus. Mae yna bleser mewn dioddef meddan nhw.

O'r diwedd cyrraedd llecyn mwy gwyrdd, ac yna anelwch ar letraws ychydig tua'r dde, o dan y graig; mae bwlch yma i gyrraedd y cwm uchaf. Cymerwch ofal ar y cerrig, mae rhai yn seimllyd o lithrig yng nghysgod yr haul.

A dyma ni wedi cyrraedd y nefoedd, a Chwm Glas, lle i oedi, i werthfawrogi. Arhoswch. Peidiwch â bod ar frys i ymadael. Eisteddwch. Bwytewch eich picnic. Gorweddwch ar y ddaear a sugno cynhesrwydd yr haul. Ymlaciwch.

> I'r estron os mynn,
> Boed hawl tros y glyn;
> I ninnau boed byw
> Yn ymyl gwisg Duw
> Yn y grug, yn y grug.
>
> (Anhysbys)

Mae pren y ddannoedd a'r wialen aur yn cysgodi yma ac acw mewn hafnau yn y graig ar y dde cyn dod i olwg y llyn. Byddwch yn ofalus, fe dyf y planhigion yma'n aml mewn safleoedd anodd cyrraedd atynt. Mae'r demtasiwn yn drech na mi sawl tro, rhaid i mi gyfaddef. Mae yna dwmpathau coch-biws o'r gladlus mwsogaidd yma hefyd.

O'n blaenau mae Llyn Glas, y dyfroedd yn ddisglair yng ngolau'r haul gydag ambell grychni yn dilyn chwaon y gwynt. Amrywiaeth annisgwyl o liw gwyrdd tywyll dwy goeden fythwyrdd ar yr ynys fechan, gwylan unig yn nofio'n dawel, tinwen y garreg yn sboncio yma ac acw, a'r graean wedi ei olchi i lawr ym mhen pella'r llyn.

Glywsoch chi sŵn lleisiau? Peidiwch â phoeni, mae'r cwm yn eiddo i chi am ychydig. Craffwch i fyny at y Grib Goch, welwch chi nhw, fel haid o filidowcars yn eistedd yn rhes ar graig yn y môr. Welwch chi'r cochni yn staenio'r sgri? Dychmygwch y rhewlif fu yma, mae'r olion o'n cwmpas ym mhob man.

Dringwch y graig tu ôl i'r llyn i gael golwg yn ôl. Eglwys Sant Peris a'r pentref yn swatio yn y cysgod, creithiau Chwarel

Dinorwig, clytwaith llonydd, gwastad brown, melyn a gwyrdd Ynys Môn, gyferbyn rhes gadarn o wylwyr, y ddwy Elidir, Foel Goch, y Garn, y Glyderau, a haul canol dydd yn taro ar eu creigiau a'u grug.

Croeswch at yr ynys, mae'n bosib sboncio fel llyffant o garreg i garreg. Mae 'na ryw swyn arbennig ynglŷn â ynysoedd yn does? Enlli a Seiriol a chwmni'r adar ac eneidiau'r seintiau, ynysoedd y dychymyg, Afallon, Ynys yr Hud, Ynys y Trysor; bûm arnynt sawl tro a phrofi anturiaethau di-ri.

> Dyma fi wedi fy ynysu.
> Dim ond y fi sydd ar y darn tir yma.
> Digyfnewid.
> Y gwynt yn siglo'r brwyn.
> Y dyfroedd yn llepian yn ddioglyd ar graig.
> Y pyllau llonydd a'r graean yn berlau.
> Gwrhydri'r ddwy goeden yn mynnu byw mewn encil mor erwin.
> Lle i freuddwydio.
> Bu'r tylwyth teg yma.

Dyma ddywedodd Thomas Davies wrth John Rhys wrth adrodd yr hanes glywodd gan ei fam, fu farw ym 1832:

> Pan oedd hi'n hogan yn yr Hafod, Llanberis yr oedd hogan at ei hoed hi'n cael ei magu yn Cwmglas, Llanberis ac arferai ddweud, pan yn hogan a thra y bu byw, y byddai yn cael arian gan y Tylwyth Teg yn Cwm Cwmglas.
>
> Yr oedd yn dweud y byddai ar foreau niwlog, tywyll, yn mynd i le penodol yn Cwm Cwmglas gyda dysglaid o lefrith o'r fuches a thywel glân, ac yn ei roddi ar garreg; ac yn mynd yno drachefn, ac yn cael y llestr yn wag, gyda darn deuswllt neu hanner coron ac weithiau fwy wrth ei ochr.

(Celtic Folklore — J. Rhys. 1901)

Os oes arnoch awydd crwydro 'ymhellach gallwch ddilyn y llwybr i ben pella'r cwm at odre'r Grib Goch. Mae yna lwybr i fyny'r sgri at Fwlch Coch. I fyny ar y chwith mae ardal eang o bant a phonciau, yn greigiau llyfnion a phyllau mawn, dyma'r Cwm Uchaf. Mae olion llyn arall yma a ffrwd yn llifo'n dawel ohono cyn magu cyflymder a hyrddio'n bendramwnwgl i lawr ei chafn tua Nant Peris, bum can metr islaw. Clogwyn y Person, cyrchfan boblogaidd gan y dringwyr sydd i'r dde, a thu draw Cwm Glas, lle llecha'r Llyn Bach. Lleoedd hudolus eto, lle y mwynhâf grwydro a chwilota wrth fy mhwysau, yn chwilio am blanhigion a rhyfeddu at batrymau'r creigiau a'r cyfoeth o gen arnynt. Dyma nefoedd o le i'r botanegydd, gyda nifer o blanhigion prin fel y disgrifia Dewi Jones yn ei gyfrol ardderchog *Tywysyddion Eryri*. Dyma rai y cyfeirir yn benodol atynt —

Lloer-redynen .... *Botrychium lunaria*
Hesgen ddu .... *Carex atrota*
Llysiau'r bystwn .... *Draba incana*
Brigwellt alpaidd .... *Deschampsia alpina*
Helyglys mynyddig .... *Epilobium alsinefolium*
Pabi Cymreig .... *Mecdonopsis combrica*
Gweunwellt alpaidd .... *Poa alpina*
Brial y gors .... *Pananacsia polustris*

Lle braf i dreulio oriau ar ddiwrnod braf. Ond nid felly heddiw, mae'r glaw wedi cyrraedd dros y môr, a'r niwl yn byseddu i lawr y clogwyni. Gwell fydd cychwyn yn ôl. Wrth ddychwelyd heibio'r llyn disgynna'r glaw yn fân ac yn fuan gan greu miloedd o fân gylchoedd yn toddi i'w gilydd. Gan bwyll wrth fynd i lawr, mae'n haws disgyn nac wrth esgyn.

Af yn ôl i lawr gwlad o'r nefoedd.

> Ni byddaf yn siŵr pwy ydwyf yn iawn
> Mewn iseldiroedd bras a di-fawn.
>
> Mae cochni fy ngwaed ers canrifoedd hir
> yn gwybod bod rhagor rhwng tir a thir.
>
> Ond gwn pwy wyf, os caf innau fryn
> A mawndir a phabwyr a chraig a llyn.
>
> ('Cynefin' — T.H. Parry-Williams)

Y planhigion a welwyd

Tormaen serennog	*Saxifraga stellaris*
Pren y ddannoedd	*Sedum rosea*
Y wialen aur	*Solidago vingaurea*
Clychlys deilgrwn	*Campanula rotundifolia*
Llysiau Crist	*Polygala vulgaris*
Tresgl y moch	*Potentilla erecta*
Llygaid siriol	*Euphrasia officinalis*
Teim gwyllt	*Thymus serpyllum*
Tafod y gors	*Pinguicula vulgaris*
Bysedd y cŵn	*Digitalis punpurea*
Mantell Fair fynyddig	*Alchemilla vulgaris*
Gludlys mwsogaidd	*Silena acaulis*

Darllen Pellach

D. Bick, *Old Copper Mines of Snowdonia* (The Pound House)
J. Lindsay, *A History of the North Wales Slate Industry* (David & Charles)
D. Morgan Rees, *The Metalliferous Mines of Wales* (Amgueddfa Genedlaethol Cymru)
Dewi Williams, *Chwareli a Chloddfeydd Cwm Pennant*
John Rhys, *Celtic Folklore* (Gwasg Prifysgol Rhydychen)
Ioan Bowen Rees, *The Mountains of Wales* (Gwasg Pantycelyn)
Gruffudd Parry, *Crwydro Llŷn ac Eifionydd* (Llyfrau'r Dryw)
J.G. Williams, *Pigau'r Sêr* (Gwasg Gee)
J.G. Williams, *Maes Mihangel* (Gwasg Gee)
Llyr D. Gruffydd/Robin Gwyndaf, *Llyfr Rhedyn ei Daid* (Gwasg Dwyfor)
K. Addison, *The Ice Age in Cwm Idwal*
Dewi Jones, *Tywysyddion Eryri* (Gwasg Carreg Gwalch)

Llyfrynnau Cyngor Cefn Gwlad:
Cwm Idwal
Coedydd Aber
Cwm Llan